Christa Trachsler

Thunderbird Medicine Woman

Das etwas andere schamanische Tagebuch

novum ▲ pro

Dieses Buch ist auch als
e-book
erhältlich.

www.novumverlag.com

Bibliografische Information
der Deutschen Nationalbibliothek:

Die Deutsche Nationalbibliothek
verzeichnet diese Publikation in
der Deutschen Nationalbibliografie.
Detaillierte bibliografische Daten
sind im Internet über
http://www.d-nb.de abrufbar.

© 2015 novum Verlag

ISBN 978-3-99048-146-2
Lektorat: Susanne Schilp
Umschlagfoto: Christa Trachsler
Umschlaggestaltung, Layout & Satz:
novum Verlag
Innenabbildungen: Christa Trachsler,
Foto S. 185: Rolf Cantaluppi

Gedruckt in der Europäischen Union
auf umweltfreundlichem, chlor- und
säurefrei gebleichtem Papier.

www.novumverlag.com

Über dieses Buch

Christa Trachsler, die mehr als 25 Jahre bei verschiedenen nativen Völkern als Schamanin ausgebildet wurde und jahrelang Erfahrungen auf diesem Gebiet gesammelt hat, schenkt uns Einblicke in eine sehr reale und auch heute noch existierende Welt der Geister.

Mit ihrer unkomplizierten und offenen Art zeigt sie auf, dass neben unserer schillernden Konsumgesellschaft noch viele weitere geheimnisvolle Parallelwelten möglich und im wahrsten Sinne des Wortes fassbar (aber manchmal auch unfassbar!) sind.

Die Autorin öffnet ihren Fundus an lebendigen Erinnerungen. Sämtliche Figuren sind erfunden, die Geschichten sind gewoben aus Fäden, die ein Eigenleben entwickeln. Zufälle sind möglich, aber nicht beabsichtigt.

Schamanische Praxis in Meilen/Zürich:
www.goldentrails.ch

Dieses Buch ist Mutter Erde gewidmet

Im Auftrag der Götter musste ich dieses Buch schreiben. Fast dreißig Jahre habe ich es vor mir hergeschoben.

Ich häutete mich von der THUNDERBIRD MEDICINE WOMAN zur STARSEED SHAMAN WOMAN, was mein heutiger Name ist. Mein Schreibstil ist ungewöhnlich, aber das gehört zur „Neuen Zeit", die angebrochen ist. Es mag gewagt klingen, aber vielleicht ist dieses Buch der Vorreiter eines neuen Literaturstils.

In der Übergangszeit zum neuen Zeitalter hat sich viel Platz und Raum geöffnet, den jeder beim Lesen für sich selbst ausfüllen kann. Dreißig Jahre sind eine lange Zeit, und so ist das eigentlich befohlene Ufo-Buch ungewollt zu einer Autobiografie geworden. Ein langer, oft schmerzhafter und außergewöhnlicher Lebensweg hatte sich mir geöffnet. War dies etwa geplant von meinen außerirdischen Brüdern und Schwestern? Ich kann diese Frage nicht beantworten.

Eins weiß ich jedoch ganz gewiss: dass mein Leben sich hin zu VOLLSTÄNDIGEM VERTRAUEN entwickelt hat. Es war zwar schon immer vorhanden, doch ich wurde sehr gefordert, den ganzen Weg zu gehen, es tatsächlich auszureizen. Ich entdeckte drei kleine Grundsätze, an die ich mich immer halte.

– Keine Erwartungen haben
– Dankbar sein
– Achtsamkeit üben
Dann bist du glücklich.

Was mein Mann Beat *(Strong rock man in Kanada, Hombre con el corazon grande in Peru)* zu diesem Buch sagt:

„Wenn man sie nicht kennt, versteht man alles oder gar nichts. Also bitte mindestens zweimal lesen! Selbst ich blicke bis jetzt nicht durch. Christa spielt dauernd auf verschiedenen Ebenen … Da folge ihr mal jemand."

Am anderen Ufer flackert das Lichtermeer. Vanya wittert den Kampf, der gerade stattgefunden hat. Ein blondes Haarbüschel schwebt im Wind. Die schwarze Dogge legt den Kopf auf die warme rote Erde. „Wo warst du so lange!", ruft ihre Herrin. Sie strahlt Vanya an, kniet sich zu ihr herunter und krault ihren Kopf. Ihre warme Stimme beruhigt das Tier. Der Kampf ist vorbei. Der nächste könnte jeden Augenblick um die Ecke kommen. Meist ist es ein Mann, mit dem sie den Kampf aufnehmen muss. Diesmal ist sie ihm gewachsen. Sie hat eine Entscheidung getroffen. Sie ist immer bereit. Sie ist eine Kriegerin.

Ihr Geheimnis ist ihre Herkunft. Sie ist ein Kind des Sternbilds der Plejaden. Man nennt das Siebengestirn auch „die Sieben Schwestern". Christa ist der funkelnde Splitter des großen Ganzen, des Big Spirit, des Schöpfers und der Urquelle von allem, was ist. Ein kleiner Kosmos von unendlich vielen, der sich um sich selbst dreht. Zum Körper geworden, um sich mit anderen zu vereinen. Um zu kommunizieren. Das ist Liebe. Plejadierinnen haben eine sehr feine, heilende Energie, die sie sehr dosiert einsetzen. Allerdings kommt immer wieder das Leben zwischen das Göttliche: Sein, Schein, Liebe, Betrug. Lange Jahre des Krieges mit einem einzigen Körper, der aus Stahl zu sein scheint und sich immer wieder krümmt und verbiegt, sei es aus Schmerz oder vor Lachen. Und vor Lachen sowieso und erst recht. So einfach ist die Existenz. Daraus ein Buch machen kann man nur, indem man anfängt, egal wo. In Liebe.

Erste Entführung 1967

Der Wein schmeckt vorzüglich. Bei der Weindegustation in einem Weinkeller am Zürichsee hält Christa sich vornehmlich an Weißwein und Champagner. Die üblichen Häppchen kursieren. Ihre Freundin Anna ist Vegetarierin und begnügt sich mit Maiskölbchen und Möhren aus einer Gemüse-Dekoration. Christa raucht eine American Spirit, trägt goldene Riemchenschuhe und ein enges, farbenfrohes Kleid. Sie ist eine Fashionista. Wegen ihrer guten Bräune stehen ihr die meisten Farben. Nur Schwarz trägt sie selten.

Sie plaudern über die Kuba-Reise im letzten Sommer. Mit dem Wetter hatten sie großes Pech. Der Hurrikan Isaac hatte ihre Strandtage unmöglich gemacht. Nun trauern sie der Wärme von Kuba nach, denn in der Schweiz hält der Winter bereits Einzug.

Sie hat im Lauf ihres Lebens sehr viele Hurrikane erlebt und war Zeugin eines verheerenden Hurrikans auf den Philippinen mit über viertausend Toten. Sie selbst hatte großes Glück.

„Ich wurde unzählige Male von Außerirdischen entführt", erzählt Christa. „Schon in meiner Kindheit ging es mit den Entführungen los. Später, in den Siebziger- und Achtzigerjahren, war es weit verbreitet, dass die Greys, eine Art böse Aliens, Frauen als Trägerinnen für ihre Hybrid-Kinder auswählten", erzählt sie. „Als ich noch ein Kind war, hatte ich immer Angst im Dunkeln. Meine Eltern mussten nachts immer das Licht anlassen. Wenn ich im Bett lag und sie spürte, war ich völlig bewegungsunfähig, wie paralysiert. Aber ich konnte mich nie an etwas Konkretes erinnern. Als Sechzehnjährige wurde ich dann zum ersten Mal offiziell von Außerirdischen entführt. Es geschah in den Herbstferien. Ich jobbte in einer Wäscherei, um mein Taschengeld aufzubessern. Ich musste um sechs Uhr morgens aufstehen, und die Bezahlung war schlecht.

Eines Nachts wachte ich auf und glaubte, ich müsse zur Arbeit. ‚Christa, steh auf, es ist höchste Zeit!', hörte ich eine Stimme rufen. Dabei war es erst zwei Uhr morgens. Ich schlich die knarrenden Treppenstufen herunter.

Meine Eltern hatten mich sicher gehört und waren erstaunt. ‚Wohin geht sie?', höre ich meinen Vater fragen. Meine Mutter: ‚Keine Ahnung, sie ist deine Tochter. Da ist alles möglich'."

Sie nimmt einen Schluck Weißwein und beobachtet ein interessantes Paar. Beide sind schrill gekleidet und erregen Aufmerksamkeit in dem schlichten Weinkeller mit weißen Wänden und Neonlicht. Es ist Winter, und sie vermissen die Wärme von Kuba. Warm und herzlich waren sie dort empfangen worden, im Santería-Kloster in Havanna.

Eines Nachts fuhren sie für ein Einweihungsritual an einen Fluss. Mit verschlossenen Augen wurden sie an den Platz geführt. Die Nachtluft und die Gesänge der Kubaner waren unvergesslich.

„Also, zurück zu meiner ersten Entführung. Draußen war es noch stockdunkel, aber das hatte ich nicht beachtet. Ich rannte so schnell ich konnte zur ‚Wawag', wie die Wäscherei hieß. Ein gleißendes, weiß-goldenes Licht empfing mich. Das Licht war so hell, es gelang mir nicht, mich daran zu gewöhnen. Ich konnte überhaupt nichts erkennen. Aber der Lichtstrahl zog mich magisch an, und ich tauchte ohne zu überlegen direkt hinein.

Was dann passierte, weiß ich nicht mehr, und ich suchte viele Jahre nach einer Erklärung für das Ganze. Ich war völlig verwirrt, konnte aber mit niemandem darüber sprechen.

Als ich nach der Entführung wieder zu mir kam, stand ich hinter der Waschanstalt. Die großen Fenster waren immer noch dunkel, und auch die Nacht war immer noch schwarz. Was machte ich hier? Ich rannte nach Hause, weckte meine Eltern und schrie sie empört an: ‚Weshalb habt ihr mich mitten in der Nacht geweckt?' Doch das Einzige, was meine Eltern wussten, war, dass ich das Haus um zwei Uhr in Windeseile verlassen hatte. Und als ich heimkehrte, war es fünf Uhr.

Ich war völlig durcheinander, redete wirres Zeug, hatte ein großes Wissen, aber fast keine Erinnerung an das, was passiert war."

***

Dass sie von nun an den hoch spirituellen und intellektuellen Gesprächen ihres Vaters und seiner Freunde folgen und sogar vieles dazu beisteuern konnte, war zwar erstaunlich, wurde aber nicht weiter hinterfragt. Denn schließlich war sie die Tochter ihres Vaters, von dessen Fähigkeiten sie noch keine Ahnung hatte.

Ein sehr eigenartiger Vorfall brachte die Wahrheit über ihren Vater ans Tageslicht.

Ein Jahr nach ihrer ersten Entführung durch Außerirdische machte sie spätnachts im Zug Bekanntschaft mit einem Wissenschaftler, der vor langer Zeit mit ihrem Vater zusammengearbeitet hatte. Das jedenfalls behauptete der Mann, der sich in einem freien Abteil genau neben sie setzte und zu reden begann. „Ich kannte deinen Vater sehr gut. Er war ein Medium und war oft im Parapsychologischen Institut in Freiburg, das ich leite."

Parapsychologie! Dieser Fremde konfrontierte sie mit der Wahrheit über ihren Vater, den Kunstmaler, der als Bahnangestellter ein ganz normales Leben zu führen schien. Seine Seele gehörte jedoch der Kunst, und seine Freunde waren alle hoch spirituell.

Die Begegnung im Zug hatte eine Zeitverschiebung ausgelöst – oder ermöglicht? –, weshalb sie viel zu spät nach Hause gekommen war. Als sie die Haustür öffnete, bemerkte sie die dicke Luft. Ihre Eltern hatten sich Sorgen gemacht und fragten ihr Löcher in den Bauch, bis es aus ihr herausplatzte: „Für wie dumm haltet ihr mich eigentlich? Warum habt ihr mich angelogen?"

Ihre Mutter ließ sich auf den Stuhl fallen und stöhnte. Für sie brach in diesem Moment eine Welt zusammen. Ihr Mann hatte bei der Heirat versprechen müssen, nie wieder ins Institut zu gehen. Und nun fing ihre Älteste damit an! Dass auch sie die Gabe hatte, war nun allen klar.

Dr. Bender war sehr froh darüber, dass er Christa für die Forschung gewinnen konnte. Doch sein Glück sollte nicht lange andauern. Sie war nämlich süße siebzehn Jahre jung und hatte schon bald ganz andere Sachen im Kopf. Sie wollte futuristische Kleider entwerfen, sie vorführen, als Modell arbeiten und Karriere machen.

Schule aus!

„Es ist so kalt, ich weiß nicht, was ich hier mache. Ein November in der Schweiz. Gerade habe ich ein Mystery-Wochenende hinter mir. Drei Teilnehmer fehlten. Irgendjemand fehlt immer. Aber drei Abwesende sind zu viel.

An diesem Wochenende nahmen wir uns das Thema Außerirdische vor. Am Samstag gab es einen Filmvortrag von Erich von Däniken. Und am Sonntag war die Schweizer UFO-Expertin Christine Hollenweger eingeladen. Sie ist bekannt für ihre detailreichen Schilderungen von UFO-Entführungen. Es ist immer gut, wenn jemand von seinen eigenen Erlebnissen erzählt. Für diejenigen, die es nicht erlebt haben, bleibt das Thema weitgehend fremd. Das Beweismaterial ist limitiert auf wenige Bilder und verwackelte Filmaufnahmen. Seit es Photoshop gibt, können die Fotos manipuliert sein. Die Filme, die existieren, sind zu wenig aussagekräftig.

Seit drei Jahren leite ich die Plejadische Mysterienschule. Innerhalb zweier Jahre lernen die Schüler so viel, wie sie benötigen und zu lernen bereit sind. Kristalle, das Universum und seine Regeln, Fremdenergien und der Umgang damit, Selbstwahrnehmung, UFOs, Illuminati und die Freimaurer, all das wird möglichst ausführlich abgehandelt.

Meistens hängt das Lernvolumen von der Gruppe ab. Ich muss sie da abholen, wo sie sind. Manche sind nirgendwo. Manche brauchen die Schule überhaupt nicht. Sie sind der Kitt, der die teils schwierigen Leute zusammenhält. Ich lerne von jedem von ihnen. Da sitze ich dann zwischen meinen Schülern mit der Lesebrille auf der Nase als ‚Lehrerin'! Wer hätte das gedacht? Die Sternenbrüder haben es bei meiner dritten Entführung vorausgesagt.

Alle Schüler sind gegangen, meine Wohnung ist ein heilloses Durcheinander. Die Aschenbecher sind voll – in dieser Gruppe sind zu viele Raucher. Es ist Sonntag, vier Uhr nachmittags. Mein Mann schläft. Wieder einmal ist er völlig überarbeitet. Dabei waren wir gerade erst ganze sechs Wochen im Urlaub in Polynesien. Es war sein größter Wunsch, diese Inseln einmal zu bereisen, wo das Leben in totalem Einklang mit der Natur zu sein scheint. Die Menschen strahlen eine Ruhe aus, die wir im Westen lange suchen müssten. Ja, das Klima hat einen enormen Einfluss auf die Stimmung und die Lebenseinstellung.

Entsprechend schwer fällt es uns, in der kalten Schweiz anzukommen. Kaum bin ich aus der Wärme Polynesiens zurückgekehrt, kriecht schon der Winter in meine Knochen. Im Spiegel sehe ich ein Ex-Model, das gereift ist. Der Kajal ist ein wenig verwischt. Warum sagt mir das niemand? Müde sehe ich aus. Etwas mehr Schlaf könnte nicht schaden. Aber da ist wieder einmal jemand, der etwas dagegen hat, dass ich Schamanin bin. Eine ehemalige Freundin hat es auf mich abgesehen.

Sie war eine Klientin von mir. Dann hat sie sich in mein Leben hineingewühlt, um die Trüffel zu finden. Als ich aus dem Albtraum aufwachte und sie aus meinem Leben ausschloss, begann sie, mich mit Dreck zu bewerfen. Die ständigen Anfeindungen müssen ein Ende haben. Immer wieder passieren mir solche Dinge. Manche sind neidisch, wollen mich kopieren und mir Energie absaugen. Sie sind freundlich, umschwärmen mich Tag und Nacht und schmeicheln mir. Dann schicken sie mir dunkle Energien, Geister, Dämonen, die mir den Schlaf rauben. Offenbar ist die Menschheit noch nicht bereit für Frieden.

Ich lege mich aufs Bett, seufze tief und sehe diese Striemen vor meinem geistigen Auge. Es war in den Badeferien in Griechenland. Eines Morgens entdeckte ich unerklärliche Streifen auf meinem Rücken. Am Strand starrten die Leute uns an. Wie ausgepeitscht sah ich aus. Das waren die Spuren einer nächtlichen spirituellen Attacke. So etwas passiert selten. Aber es kommt vor.

Ein neues Bild schiebt sich vor mein geistiges Auge. Mein Arm trägt ein Zeichen. Das blieb von der zweiten Alien-Entführung übrig. Ein sichtbares Zeichen, wie ein Brandmal, das ich am nächsten Morgen fotografiert und H. R. Giger geschickt hatte. Er gab mir eine Telefonnummer, die ich sofort anrief. Am anderen Ende war ein Medium aus Berlin. Die Dame gefiel mir nicht. Sie stellte viele Fragen und meine Antworten fielen immer knapper aus. Mir wurde das unheimlich, die Sache begann zu stinken. Das Zeichen auf meinem Arm tat überhaupt nicht weh. Nach sieben Monaten war es nicht mehr zu sehen.

Ein spirituelles Leben ist zwar aufregend und voller Erkenntnisse, aber es hat auch seine Nachteile. Immer wieder bin ich Opfer von magischen Attacken. Sie kündigen sich damit an, dass die Dinge nicht laufen, wie sie sollen. Oder damit, dass ich gesundheitlich schwach werde. Husten begleitet mein Leben, solange ich zurückdenken kann. Das erkläre ich mir damit, dass mein Körper sich mit dem Husten gegen die Geister – ich nenne sie „Spirits" – wehrt, die ich aufnehme. Der Husten wirft das Negative heraus.

Die unangenehmste Sorte von Spirits sind Tote, die den Weg ins Licht nicht finden und sich an Leute heften, die relativ unbelastet sind – auch Tote brauchen Platz.

Am allerschlimmsten sind Tote, die mit Absicht geschickt wurden, mittels Voodoo oder schwarzer Magie. Sie saugen sich fest, hängen in meiner Aura herum und stören bis zum Gehtnichtmehr. Ja, kommt nur! Ich habe euch wirklich satt! Wenn ich in der schamanischen Praxis unvorsichtig war, hängen am Ende eines Tages mehrere dieser grässlichen Wesen an mir dran.

Spätestens am besorgten Blick meines Mannes erkenne ich, dass es wieder passiert ist. ‚Hast du schon wieder Zeug aufgenommen? Komm, ich mach sie dir weg.' Wir gehen dann in den Garten, wo er mich zuerst einmal in eine dicke Wolke aus Salbeirauch hüllt. Dann entfernt er die schwarzen Energien. Wir müssen genau arbeiten und uns schützen, aber in der Praxis geht eben auch einmal etwas daneben. Das ist normal."

Vanya, die erste große Hundeliebe

„Die Teilnahme am Miss-Schweiz-Wettbewerb war für mich das Sprungbrett in die große, weite Welt. Ich hatte zwar nur den zweiten Platz belegt. Aber das lag nur daran, dass die Nummer eins gute Beziehungen hatte – und ihr Vater den Wettbewerb finanzierte, was er mir viele, viele Jahre später aus einer anderen Dimension heraus berichtete. Ich war sechzehn und bildhübsch!

Mit achtzehn war ich in London als Model unterwegs und organisierte Rockkonzerte. Dann traf ich meine erste große Liebe, den Sänger Bob Brault von der Band Martin Circus. Mit ihm erlebte ich mein erstes Liebespech. Ich fand heraus, dass er mich betrogen hatte. Bob hatte sich in mir getäuscht. Er dachte, ich sei so liberal wie andere Mädchen. Sein Seitensprung hatte mich so verletzt, dass ich mich von London verabschiedete und sofort nach Hause in die Schweiz flog.

Am Flughafen Zürich wartete mein Vater mit Rosen auf mich. Er war sehr einfühlsam und liebevoll und tröstete mich über die erste große Liebesenttäuschung hinweg. Ich beschloss, Stewardess zu werden. Ich hatte mir schon immer gewünscht, herumfliegen im Süden herumzufliegen, ein schönes Leben an der Sonne zu haben und am Meer zu leben. Man riet mir, erst einmal Spanisch zu lernen. Darum ging ich nach Ibiza.

Es war zunächst anders, als ich es mir vorgestellt hatte. Nach einem Crashkurs in Marketing und PR jobbte ich für die Nightclub-Kette Tiffany's und modelte zusätzlich. Ich flog auch viel, allerdings nicht als Stewardess, sondern als Modeunternehmerin und einmal sogar als Diamantenschmugglerin.

Ibiza weckte eine neue Leidenschaft in mir: das Tauchen. Die Unterwasserwelt mit ihren riesigen Fischen faszinierte mich. Mein Tauchlehrer hatte nebenbei eine Doggenzucht und schenkte mir zur bestandenen Tauchprüfung die kleine Vanya. Von da an begleitete sie mich auf Schritt und Tritt und gab mir den nötigen Halt.

Doggen waren schon immer meine große Liebe, und ich war außerordentlich glücklich, solch einen Hund zu besitzen. Vierzehn Jahre lang begleitete mich Vanya zusammen mit ihrer großen Flugkiste, und sie war ganz klar mein bester Freund.

Vanya hatte eine kuriose Eigenschaft, sie liebte Früchte über alles in der Welt. Eines Tages verschwand in der Wohnung eine große Schüssel mit frischen Trauben. Das war doch unmöglich: Zwei Kilo Trauben, wo waren die geblieben? Nach langem Suchen fand ich dann einige Stiele in Vanyas Bett. Ich konnte nicht glauben, dass sie traubensüchtig war, und kaufte mehr. Und so war es dann auch: Im Nu verschlang sie die Trauben.

Hinter unserem Haus hatten wir ein großes Melonenfeld, und auch dort erwischte ich sie, wie sie die Melonen herumwarf, bis sie platzten, um sie dann genüsslich zu fressen. Sie ging in die Fruchthaine und ließ sich von ihrer guten Nase zu den besten Nektarinen und Pfirsichen leiten. Auch ganze Erdbeerbeete fraß sie vollkommen ab. Eine Dogge, die Vegetarierin war, so etwas gab es doch nicht! Ich selbst war fast Vegetarierin. Weil mein Hund vor Kraft und Lebensmut nur so strotzte, machte ich mir keine Sorgen um ihn.

Bei einem Besuch in der Schweiz suchte ich einen Tierarzt auf, um Vanyas Impfungen machen zu lassen. Der gute Doktor war höchst schockiert über ihren Vegetarismus und befahl mir, sie mit Fleisch zu füttern. Also gingen wir zum Schlachthof – anders konnte ich mir das teure Fleisch in der Schweiz nicht leisten.

Sie waren gerade dabei, Kälber zu schlachten. Vanya zitterte am ganzen Leib, ihr Jagdinstinkt war wach geworden. Sie spürte die Todesangst der Tiere. Als ich die entsetzlichen Angstschreie hörte, die durch Mark und Bein gingen, wurde ich zur Voll-Vegetarierin. Mein Hund bekam von da an zwar sein Fleisch. Ich aber konnte es lange Zeit nicht mehr anrühren.

Das änderte sich erst zwanzig Jahre später in Kanada mit den Indianern. In einem Reservat wurde ich in die kraftvolle indianische Medizin eingeweiht. Wir gingen auf die Jagd, aber die Tiere wurden ritualistisch getötet. Das Fleisch war für den Stamm oder für eine spezielle Zeremonie bestimmt, und die Tiere wurden vollständig weiterverwertet. Zudem waren es gesunde Rehe und Elche, die auf unserem Reservatsgrund lebten und sich uns gerne darboten.

Mein Job in Ibiza war perfekt. Endlich war ich in der Wärme, direkt am Meer, hatte mit vielen Menschen zu tun und arbeitete erst noch im Nacht-Business, was mir erlaubte, die Tage am Strand zu verbringen. Ich wurde überall dort eingesetzt, wo die Clubs schlecht liefen, und reiste in ganz Spanien umher. Der nächste Club wurde in Mallorca eröffnet, und auch dort machte ich die ganze Aufbauarbeit.

Eines Tages lernte ich im Club El Rincon de la Guitarra, wo die besten Gitarristen auftraten, meinen ersten Mann kennen. Er war ein außerordentlich gut aussehender Inka-Indianer mit wunderschönen langen, schwarzen Haaren. Es war Liebe auf den ersten Blick. Er war ein guter Musiker und ein noch besserer Kunsthandwerker. Er fertigte Ledersachen im südamerikanischen Stil an: Taschen, Gürtel, Koffer usw.

Wir waren sehr verliebt, und schon bald zogen wir zusammen. Neben der Arbeit im Club arbeitete ich als Model für Lanvin, Pierre Cardin und Cacharel in verschiedenen Prêt-à-Porter-Shows in Madrid, Paris, Milano und Florenz. Zudem stellte ich meine eigene Kleiderkollektion her, die gut lief. Wir hatten einen Stand in Ibiza und einen Laden in der ersten Shopping Mall von Palma.

Ich war neunzehn, bildhübsch, blond und blind vor Liebe. Von meiner alten Leidenschaft, der Magie und Spiritualität, hatte ich mich weit entfernt. Mein Leben wurde von Partys, den üblichen Drogen, der Liebe und der Mode bestimmt.

Die meisten Tage verbrachten wir auf dem Meer an Bord der Jachten unserer Freunde, oder wir gingen tauchen. Abends produzierten Cesar und ich im Laden die bestellten Artikel. Ein leichter, seichter Gegenwartszustand, der dominiert war von der Sonne – das war genau das Richtige für eine schöne junge Frau in love.

Vanya war mir eine große Stütze. Sie hatte noch nie in ihrem Leben eine Leine gesehen und war vollkommen frei aufgewachsen. Zwei Jahre trainierten und spielten wir mehrere Stunden pro Tag zusammen, und sie hatte eine natürliche, aber stolze Unterordnung. Sie war gut Freund mit allen und dominierte das Viertel. Mit den herrenlosen Hunden in der Umgebung hatte sie die meiste Arbeit. Aber sie folgte ihrem Instinkt und war sehr intelligent, was man nicht von jeder Dogge sagen kann.

Vanya und ich hatten ein so enges Verhältnis, dass sie immer vorher wusste, was Ich wollte, und entsprechend reagierte. Aber sie konnte auch selbstständig denken: Waren wir in einer Bar oder in einem Club und ich hatte nicht daran gedacht, ihr Wasser zu geben, ging sie ins WC, stellte sich mit den Vorderpfoten aufs Waschbecken und wartete, dass ihr jemand den Wasserhahn aufdrehte. Das funktionierte immer – die Leute schmunzelten, wenn Vanya wieder einmal in Richtung Toilette stolzierte.

Als ich Cesar gerade kennen gelernt hatte, durfte er auch meine Vanya richtig kennen lernen. Wir saßen in der Cafeteria unterhalb unseres Hauses an der Plaza und schlürften einen Drink. Vanya war wie üblich bei uns.

Ich erzählte Cesar, wie lange ich sie trainiert hatte, damit sie wie ein Schatten über mich wachte. Sollte er mir gegenüber eine falsche Bewegung machen, würde sie ihn sofort angreifen, erzählte ich nicht ohne Stolz. Cesar lachte. Im Scherz stand er auf und machte eine schlagende Bewegung in meine Richtung. Vanya hatte bis zu diesem Moment ganz ruhig unter dem Tisch gelegen.

Nun sprang sie mit einem Satz auf, warf sämtliche Tische um und hing schon an Cesars Arm. Das ging blitzartig – niemand konnte es glauben. Nur ich – ich hatte es gewusst.

Es gab zwar eine teure Rechnung wegen all der verschütteten Cuba libres und Kaffees. Aber es hatte sich gelohnt. Alle hatten enormen Respekt vor uns, und niemand machte mehr eine falsche Bemerkung."

Sex, Drugs and Rock 'n' Roll

„In den Siebzigern war Ibiza ein kleines, verschlafenes Fischerdorf. Der ‚Hafen' war nichts weiter als ein Holzsteg. Mehr war nicht nötig für die kleine, wacklige Fähre, die einmal pro Woche die Balearen anlief. Es gab zwei Flüge pro Woche, und man wartete draußen vor einem kleinen Häuschen direkt auf dem Rollfeld auf die ankommenden Flieger.

Die ersten Touristen Anfang der Siebziger waren Hippies, die von der einsamen und kargen Schönheit Ibizas angezogen wurden. Wir lebten zwar auf Palma, gingen aber öfter mit unserem Leder- und LSD-Angebot auf die ibizenkische Nachbarinsel. Die ersten Kreativen konnte man an einer Hand abzählen: Cesar, den sie „El Indio" nannten, Pedro, der Schuhmacher, Henry, ein bekannter amerikanischer Flötist, und das verrückte deutsche Model Mora. Sie war eine Aussteigerin und hatte einen eigenen Kopf. Mit ihren eigenwilligen Kleiderkollektionen schlug sie sich durch.

Wir hatten den ersten Hippie-Markt auf die Beine gestellt, aus dem die unentwirrbaren Stände von heute werden sollten. Die kleinen Buchten *waren völlig unberührt. Mit der Taucherausrüstung im Kofferraum fuhr ich die Insel ab und erkundete eine Bucht nach der anderen, bis ich die Insel wie meine Westentasche kannte. Es war ein traumhaft schönes Leben. Am Morgen machten wir Siesta und am Nachmittag gingen wir ans Meer. Jeden Abend verkauften die Fischerfamilien frischen Fisch, den wir auf dem Feuer am Strand brieten.*

Ibiza war und ist immer noch eine besondere Insel. Das Eiland steht astrologisch gesehen unter dem Zeichen des Skorpions. Hier war vieles möglich: sich verlieren in den nächtlichen Partys oder sich wiederfinden am Ende der Transformation. Der Skorpion wühlt die Tiefen der Seele auf. Seiten, die verdrängt werden, kommen ans Tageslicht und wollen angeschaut werden.

Die balearische Insel hat eine mystische und sagenumwobene Vergangenheit, und wir befanden uns in den Siebzigerjahren und dazu gehörten auch LSD-Partys. Dank der guten Qualität des LSD aus einem Labor in Wales kamen wir in höchste Dimensionen und hatten einige Male Kontakt mit den universellen Energien, die unseren Geist und unser Verständnis unglaublich erweiterten.

Nach einiger Zeit zogen unsere besten Freunde von Mallorca nach Ibiza. Blue, ein amerikanischer Kunstmaler mit langen, roten Haaren, und seine energische spanische Freundin übernahmen eine Finca mit Schweinezucht. Eine Einladung bei ihnen hielt immer, was sie versprach, nämlich Abenteuer, Freude und Wildnis.

Blue und seine Partnerin lebten sehr einfach und feierten opulent. Wenn wir sie besuchten, gab es ein Festessen. Die Männer rannten halb nackt mit Messern hinter einer Sau her, die das Zeitliche segnen sollte. Ich erinnere mich, wie wir Frauen uns mit lautstarker Musik im Haus einschlossen, damit wir das Quietschen der Säue nicht hören mussten. Eine sehr primitive, steinzeitlich anmutende Lebensart war das.

Im Herbst kamen alle, um den Weinberg abzuernten. Wir leerten die Ernte in einen riesigen Zuber und stampften nackt auf den Trauben herum, bis wir nicht mehr konnten. So war das Leben zu jener Zeit auf Ibiza. Es gab weder Strom noch fließendes Wasser, und jede Finca hatte ihren eigenen ‚Pozo', ihr eigenes Wasserloch mit frischem Quellwasser.

Für mich waren besonders die Vollmondnächte unvergesslich. Jedes Mal erwachte die Wölfin in mir, und ich fühlte eine Kraft, die heraus- musste. An den Strandpartys stahl ich mich unbemerkt aus der Menge und ging nackt ins salzige Wasser. ‚Reinige mich, zeig mir den Weg‘, flüsterte ich und schwamm los. Ich nahm einen tiefen Atemzug und tauchte ab. ‚Nimm das weg, was zu viel ist. Mach mich ganz.‘ Das Meer von Ibiza strahlte eine seltene Ruhe aus. Ich durfte sein, wer ich war. Ich durfte werden, wer ich war. Mein Leben war immer ein Wandel, eine Transformation mithilfe der Meeresgöttin. Das Meer auf Ibiza war und ist etwas ganz Besonderes.

Meine Freizügigkeit gefiel Cesar zwar sehr, aber er war auch aus- gesprochen eifersüchtig. Ein typischer Südamerikaner eben. Eines Tages war er außer sich vor Wut und verbrannte meine Fotos, Zeitungsartikel und sonstige Reportagen. Von jetzt an würde nur noch er Fotos von mir machen, kündigte er an. Er hatte meine Unterlagen vernichtet. Fortan hatte ich keine Vergangenheit mehr.

Mit meinem ersten Ehemann hatte ich einen denkbar schlechten Start in der Liebe hingelegt. Und es sollte so weitergehen. Mit Männern hatte ich kein gutes Händchen und ließ mich oft ausnutzen. Da waren Hormone im Spiel, Drogen und Erfahrungen, die gemacht werden mussten. Für meinen Werdegang zur Schamanin war das von großem Nutzen, denn ich kenne die Klaviatur der Gefühle gut und habe Respekt davor.

✳✳✳

Mein zweiter Mann, Wasaquizec, war ein kanadischer Indianer. Wir lernten uns in einem Reservat kennen. Ich spazierte durch den Busch, und da sah ich ihn an einem Fluss sitzen, mit der Angel. Ich fragte ihn, ob er schon etwas gefangen hätte. Da sah er mich an, errötete und begann zu erzählen. Von da an wich er nicht mehr von meiner Seite.

Wir verliebten uns. Anfangs war unsere Beziehung sehr romantisch. Er war ein wunderbarer, liebevoller Mensch. Aber er hatte eine Schwäche. Das Feuerwasser hatte ihn fest in der Hand. Ich trennte mich rechtzeitig von ihm. Wenige Jahre später hat der Alkohol ihn dahingerafft. Es brach mir das Herz, Zeugin seiner Selbstzerstörung zu sein.

Erst meine dritte Ehe sollte auf gegenseitigem Glück basieren. Dazu musste ich aber mein Leben lang kämpfen und verlieren lernen. Die schlechten Erfahrungen mit Cesar hatten mich enorm geprägt. Schwierige Männer fühlten sich von mir angezogen und tobten jedes Mal, wenn sie nicht bekamen, was sie wollten.

Mit bösesten Verfluchungen überzog mich einst ein indianischer Medizinmann aus Kanada, der dick, hässlich und eingebildet war. Ich hatte vor, Kanada zu verlassen, was er nicht akzeptieren wollte. Ich ließ mich nicht von meinen Plänen abbringen und ging zunächst in die Schweiz. Von dort wollte ich weiter nach Nepal und danach nach Indien, um die Palmblatt-Bibliotheken zu erkunden. Meine Idee war es, spirituelle Reisen nach Indien anzubieten. Ich wollte meine Fühler nach Asien ausstrecken. Bis dahin existierten auf meiner Weltkarte nur Europa, Kanada und Südamerika.

In der Nacht vor dem Flug nach Nepal hatte ich wunderbar geschlafen. Als ich aufwachte, schmerzten meine Beine und gehorchten mir nicht. ‚So also sieht ein magischer Angriff von einem bösen Medizinmann aus!', dachte ich. Meine Koffer waren zum Glück schon gepackt. Mit Krücken hinkte ich in den Flieger.

Meine Verfassung war um keinen Deut besser, als ich in Nepal landete. Ich hatte vor, mich bei einer der besten Ayurveda-Ärztinnen reinigen zu lassen. Nur war ich viel zu krank für die Behandlung.

Zuerst musste ich mich an meinen nepalesischen Schamanen wenden. Er hörte sich meine Geschichte an. Dann betrachtete er mich lange und fand heraus, dass der Medizinmann mich heftig mit Nadeln in beiden Beinen getroffen hatte. Man muss wissen, dass es keine echten Nadeln waren. Es war ein Angriff, bei dem vielleicht eine Puppe zur Hilfe genommen worden war. Alles war möglich. Die meisten der Nadeln konnte er rituell entfernen. Ich musste eine Woche liegen und mich pflegen, verbinden und einreiben mit Öl.

Als ich eines Abends im Bett lag und ein Buch las, schoss ein stechender Schmerz in meinen rechten Arm. Mein Blutdruck stieg, und ich hatte Schmerzen in der Herzgegend. Es war schon Mitternacht. Um diese Zeit wollte ich meinen nepalesischen Schamanen nicht stören. Ich fühlte mich

recht verloren. Zudem war ich zum ersten Mal ohne meine Trommeln ge-
reist. Und diese brauchte ich jetzt dringendst, um helfende Spirits anzurufen.
Etwas musste geschehen, ich musste mir selbst helfen. Mit letzter
Kraft stieg ich in den fünften Stock auf die Dachterrasse. Dort riss ich
mir nochmals mithilfe der Thunderbirds, meiner spirituellen Helfer, zwei
Riesennadeln aus dem Herz heraus. Endlich konnte ich nach langer Zeit
wieder eine Nacht durchschlafen!"

Einweihung in den Schamanismus

Nach zwölf Jahren Ehe ließ Christa sich von Cesar scheiden. Nur
wenig Gutes hatte dieser Mann ihr gebracht, und das wenige Gute
war nicht sein Verdienst. Cesars Onkel war es, der peruanische
Schamane Don Eduardo Calderon, der sie in den Schamanismus einweihte.

Sie lernte Don Eduardo in Peru kennen. Er lebte in Trujillo,
einer hübschen Kolonialstadt im Norden von Peru, wo sie Cesars
Schwester Marie-Helena besuchte. Sie genoss die „Stadt des Früh-
lings", wie Trujillo wegen seines relativ milden Klimas auch genannt wurde. Aber in den Nächten wurde sie von sehr ungewöhnlichen Träumen heimgesucht. Da benachrichtigte Marie-Helena
ihren Onkel Don Eduardo, genannt „El Tuno", der Fischer. Er
lebte in einer kleinen Bambushütte am Strand. Der Schamane
arbeitete nur nebenbei und wenn Not am Mann war. Wenn man
Hilfe brauchte und die Ärzte ratlos waren, wurde er herbei-
gezogen. Fast immer konnte er mit Rat, Tat und wunderlichen
Mitteln das Übel beseitigen.

In der Regel warteten viele Menschen stundenlang bis zum
Abend in der heißen Sonne, bis sie an die Reihe kamen. An jenem
Tag aber war niemand da, und El Tuno war auch nicht zum Fischen
hinausgefahren. Marie-Helena wurde sofort hereingerufen, und
es kam ihr vor, als ob der alte Mann sie erwartet hätte.

Ungläubig sah sie sich in dem kuriosen Zimmer um. Kräuter und Wurzeln hingen von der Decke und weckten ihre Neugier. Totenschädel und Vogelschwingen kannte sie. Aber all die anderen Ritualgegenstände, sie stammten aus Pyramiden und Gräbern, waren ihr vollkommen unbekannt.

El Tuno saß auf dem Boden und bearbeitete ein Stück Strandholz mit dem Schnitzmesser. Als sie sich ihm näherte, blickte er auf und musterte die junge Frau kurz und lächelte. „Endlich habe ich eine Erbin gefunden!", frohlockte er. Don Eduardo war klein, rundlich und trug einen mächtigen Schnauzbart. Nach der herzlichen Begrüßung begann er, um sie herumzutanzen und magische Worte aufzusagen. Verlegen und hilflos stand sie da im Zentrum seines Freudentanzes. Sie sollte sein Wissen weitergeben.

Don Eduardo arbeitete mit Kristallen und Rasseln an ihr, bis ihre Verwirrung perfekt war. Dann ging die einzige Kerze aus, die Licht in das kleine Zimmer gebracht hatte. Der Raum tauchte in tiefste Dunkelheit. Ein unangenehmes Gefühl und leichte Panik kamen in ihr auf. Sie hasste es, im Dunklen zu sein. Don Eduardo schien sich in Luft aufgelöst zu haben.

Sie zitterte am ganzen Leib. „Die Augen zu und durch", flüsterte sie. Als ihr Mut sie völlig verließ, schloss sie die Augen. Es half nichts. Sie konnte sie dennoch sehen, die Schatten, die von oben herabkamen. Als sie immer näher kamen, erkannte sie, dass es Vögel waren. Riesige Vögel, und sie stürzten sich mit einem wilden, unmenschlichen Schrei immer wieder auf sie und bedeckten sie mit ihren Flügeln. Auf dem Bauch spürte sie einen großen Druck. Sie wimmerte und schwankte zwischen Faszination und Angst und hielt die Augen fest geschlossen.

Als sie dem Druck im Bauch nachgab, schnellte eine Lichtspirale aus ihrem Körper heraus und drehte sich unendlich weiter nach oben. Als sie sich beruhigt und die Situation angenommen hatte, übergab sie der Lichtspirale die Führung. Das Licht durchdrang ihren ganzen Körper und schlang sich durch die Wirbelsäule. Ihr ganzer Körper vibrierte und kribbelte.

Eine zweite Spirale in Violett kam von oben und drehte sich entgegengesetzt zur ersten durch ihren Körper und von dort weiter in die Erde hinein. „Es spielt keine Rolle, an welchem Punkt der Spirale man sich befindet und wo die Spirale gerade ist. Es gibt kein Zentrum, das Zentrum ist immer hier." Das war die stille Botschaft dieses Vorgeschmacks auf die schamanische Initiation, die ein paar Tage später erfolgen sollte.

Erschöpft aber glücklich kauerte sie auf dem Boden. Sie fühlte sich wie neugeboren. Es war ein Gefühl der Vollkommenheit und Zugehörigkeit, eine seltsam wehmütige Erinnerung an den Urzustand des Lebens. „Endlich ist etwas passiert", dachte sie. „Die Spirale hat mich etwas gelehrt. Ich muss keine Angst mehr haben."

El Tuno betrat das Zimmer und zündete die Kerze an. „Die Spirits haben dich ausgewählt. Dein alter Name ist in der Inka-Sprache Shaman Bird Woman gewesen. Erinnerst du dich noch an die Träume, wegen denen du gekommen bist?" Als sie ausholte und versuchte, sich an die Albträume zu erinnern, unterbrach er sie jedoch. „Nein, das kannst du lassen. Erzähl mir jetzt nicht deine Träume. Ich erzähle dir etwas anderes. Diese Träume waren der Aufruf zu deiner Initiation. Wir sind erst am Anfang des Weges. Deines Weges."

Die Initiation sollte in wenigen Tagen bei Vollmond in den Pyramiden von Tucumé durchgeführt werden. Am Abend des Vollmonds hielt ein klappriges Auto vor Marie-Helenas Haustür. Unbekannte Menschen saßen darin, El Tuno stieg aus und lächelte. Marie-Helena und Cesar versicherten ihr, dass sie in guten Händen war.

Bis auf eine seltsame rote Schlange am Wegrand war die Fahrt durch die Wüste normal. Doch was heißt schon normal. Wüste ist nicht einfach Wüste. Sie ist eine heiße und bunte Angelegenheit, die ständig Überraschungen zu bieten hat. Nach einigen Stunden kamen sie bei den Pyramiden von Tucumé an.

Auf einem wundervollen Platz mit ausgesprochen mystischen Energien standen mehrere, zum Teil noch unversehrte Pyramiden im gleißenden Mondlicht. Sie sind um 1100 nach Christus entstanden und dienten als Machtzentrum der Lambayeque-Kultur. Christa war äußerst angespannt. Ihre Begleiter gaben sich große Mühe, ihr die Angst zu nehmen. Sie knufften einander, kicherten und machten Witze.

Der Platz in der Mitte musste ein Ritualplatz gewesen sein. Hier legten sie ihre Ponchos auf den Boden und streckten die Glieder. Die Nacht war sternenklar, der Mond hatte den ganzen Platz in seinen Silberschleier gehüllt.

El Tuno öffnete eine Flasche mit einem seltsamen Gebräu. Sie hatte schon viel von der „Pflanze der Götter" gehört, dem Kaktus Trichocereus pachonoi mit halluzinogener Wirkung. Seit Tausenden von Jahren wird San Pedro bei Zeremonien getrunken. Gerade weil sie bereits Erfahrungen mit Drogen gemacht hatte, war ihr Respekt davor sehr groß. Das Setting war es, was sie beunruhigte. Der Ort an und für sich war unheimlich. Was für Seelen, unbekannte Dimensionen und Bilder würden sich hier wohl zeigen?

El Tuno machte eine kleine Mulde in den Boden und schüttete einen Teil des Gebräus hinein, den Rest füllte er in Gläser. Mutter Erde sollte für eine gute „Reise" sorgen. Deshalb bekam sie als Erste einen Schluck vom San Pedro.

Sofort wurde ihr übel von dem bitteren Geschmack. Der Versuch, das Gebräu im Magen zu behalten, schlug fehl. Sie erbrach sich noch im Sitzen. Dabei drehte sie sich sehr dezent nach hinten, beugte sich über den Rand der Decke, auf der sie saß, und übergab sich. Sie schämte sich.

Später erfuhr sie, dass es ganz normal war, San Pedro nicht im Magen behalten zu können. Einer jungen Frau mit dicken schwarzen Zöpfen erging es genauso. Ihre langen Zöpfe gerieten in den Schwall, der aus ihrem Mund heraustrat, doch niemand lachte sie aus. Sie wischte die Reste aus dem Haar und setzte sich wieder auf ihren Poncho.

El Tuno stimmte ein Lied an und schwang dazu seine Rasseln, um die schamanische Gruppe in Trance zu versetzen. Die Melodie klang eintönig, doch zusammen mit den Rasseln erreichte die Gruppe schnell den gewünschten Bewusstseinszustand. Sie spürte die Schwingungen des Bodens unter sich. Der ganze Platz schien lebendig zu werden und die Pyramiden strahlten geheimnisvoll. Alles wurde mit Leben erfüllt.

Das Vibrieren der Erde tat ihr enorm gut und gab ihr im wahrsten Sinne des Wortes festen Boden unter den Füßen.

Als sie bemerkte, dass ihr Zustand sich stabilisierte, wagte sie einen Blick auf die Pyramiden und erblickte Schatten, die aus ihnen heraustraten. Es waren Menschen aus einer anderen Zeit. Ihrer Kleidung nach mussten sie aus der Zeit vor den Inkas stammen. Die Menschen aus den Pyramiden bemerkten die Schamanengruppe nicht und gingen ihrer gewohnten Arbeit nach. Bis eine Priesterin auf Christa zukam und sie zu einer etwas abseits gelegenen Pyramide führte. Sie trug ein wunderschönes, üppig geschmücktes Gewand. Die Gruppe folgte ihnen.

An der Pyramide angelangt, geschah etwas Unglaubliches. Die Pyramide öffnete sich, und ein Altar kam zum Vorschein. Die Priesterin war die Hüterin dieses Tors, und kaum war das Tor geöffnet, war sie verschwunden. Der angehenden Schamanin wurde gedeutet, dass sie sich auf den Altar legen sollte.

Sie schloss die Augen und spürte den kalten Stein unter sich. Ihre Begleiter stellten sich um den Altar herum und begannen mit Kristallen und anderen Steinen an Christas Chakras zu arbeiten. Sie fühlte sich wie zu Hause. Und das kam nicht von ungefähr. „Ich war schon einmal hier. Oh Gott, es war so schön!", dachte sie und weinte Freudentränen. Unzählige Bilder aus alten Zeiten gingen durch ihren Kopf. Sie fühlte Geborgenheit, Intelligenz und Freiheit – das war der Urzustand, nach dem sie sich immer gesehnt hatte.

Am Ende des Rituals packte El Tuno seine Rassel und schwang sie über ihren ganzen Körper. Nach und nach kam Christa zu sich, konnte sich aber nicht mehr daran erinnern, wie sie aus der Pyramide herausgekommen waren. Nur ein schwarzer Schmetterling mit weißen Punkten war ihr in Erinnerung geblieben. Ein Geisterschmetterling?

Wer hatte die Zeremonie durchgeführt? Schamanen? Niemand? Am Ende war sie initiiert zur Schamanin. Sie blinzelte und sah ein feines, alles überdeckendes Magnetgitter in der Luft, das aus den Bewegungen von El Tunos Rassel entstanden war. Dies war das Gitter, das das Leben auf der Erde mit den kraftvollen Sternenfäden des Universums verband. Völlig entspannt lag sie auf ihrem Platz auf dem Boden, streckte die Glieder und fühlte sich leicht. Die junge Frau mit den Zöpfen kauerte neben ihr und strich mit einem breiten Lächeln über ihr Gesicht.

War dies eine einmalige Sache, eines der vielen verrückten Erlebnisse einer abenteuerlustigen jungen Frau in ihren Zwanzigern? Sie konnte nicht wissen, dass diese Vollmondnacht lebenslange Folgen haben würde, und schob zunächst alles beiseite. Die Partys, die Arbeit und das Geschäft verdrängten das Gewesene in die hintersten Ecken ihrer Erinnerung.

Christa als 14-jähriger Teenie.   ... und als Model für Globus.

Debütantinnenball in Zürich 1969.

Tauchgang in Playa de Aro, Costa Brava, Spanien 1969.

Pachacamac/Peru 1976.

Kontaktpunkt der UFOs in Peru 1971.

Als Bardame im Club Tiffany's an der Playa de Aro, Costa Brava 1969.

Hippiemarkt auf Ibiza 1970.

Shooting in Gstaad 1975.

Fotos für Neujahrskarte Boutique
Illuminatus 1975/76.

34

Alien-Basis in Peru

Eine Geschichte von ihrem ersten Besuch in Peru drängte sich ihr im Laufe der Jahre immer wieder auf. Es war in den Siebzigerjahren, als Cesar sie nach Huancayo fuhr, einer kleinen Stadt auf ungefähr dreitausend Meter Höhe. Hier befindet sich einer der bekannten UFO-Begegnungsorte der Welt. Und da Christa ein UFO-Mädchen war, wollte er ihr diesen Platz zeigen.

Auf der Fahrt wurden sie immer wieder angehalten und nach Kokain durchsucht. Die Strecke schien eine Koks-Route zu sein. Endlich passierten sie Huancayo, fuhren aber noch ein Stück weiter, bis sie in einer wunderschönen, sehr typischen Berglandschaft ankamen.

Die schneebedeckten Gipfel des Huaytapallana-Gletschers wirkten riesig und glühten rot in der untergehenden Sonne. Es war jedoch nicht dieser umwerfende Anblick, der ihr den Atem raubte.

Cesar zeigte auf ein Schild, das neben der Straße aufgestellt war. Darauf stand:

PUNTO FERROVIARO MAS ALTO DEL MUNDO/Höchster Eisenbahnpunkt der Welt

Und daneben stand noch etwas, das sehr viel spannender war:

EXISTEN LOS PLATILLOS VOLADORES – CONTACTO CON OVNIS!/Die UFOs existieren – dies ist eine Kontaktstelle!

„Siehst du, es gibt sie wirklich!", rief sie. „Wo sind sie? Ich will es sehen. Lass uns hier übernachten!"

Sie nahmen ein Zimmer und hielten in einem kleinen Finca-Restaurant, wo Froschschenkel als Spezialität angeboten wurden. Damals aß sie noch Fleisch, Hähnchen, Kaninchen und Cuys (Meerschweinchen). Sie entschied sich für Froschschenkel. Der

Kellner fragte, wie viele sie möchte. „Eine Portion, einen Teller voll, bitte", antwortete sie. Erstaunt lachte der Kellner und sagte „Also gut, wie Sie möchten." Sie konnten wohl nicht glauben, dass eine schlanke Frau imstande war, ordentlich zu essen.

Sie rauchte eine Zigarette und bastelte sich einen Tagtraum, während sie den Nachthimmel über der Alien-Kontaktstelle betrachtete. Helle Lichtpunkte tanzten am Himmel, und sie bestieg ein Raumschiff, kommunizierte mit Aliens, die die vielen Rätsel in ihrem Kopf lösten und sie behutsam und erleuchtet zurückbrachten auf den seltsamen Planeten Erde.

Als der Froschschenkelduft ihre Nase streichelte, wachte sie aus ihrem Traum auf und blickte erstaunt auf den Teller. Darauf lagen zwar wenige Schenkel, aber sie waren riesig. Nun verstand sie, was der Kellner gemeint hatte. In den Anden ist alles etwas größer anderswo.

Nach dem Essen kurvten sie mit dem Auto durch die Gegend. Sie fragten einen Bauern, der sich am Straßenrand ausruhte, nach dem Weg. „Aha, Sie wollen die Außerirdischen besuchen. Selbstverständlich kenne ich den Weg." Der redselige Mann gab bereitwillig Auskunft über das Schild an der Straße. Für die Leute hier waren UFO-Erscheinungen völlig alltäglich. Überdies kamen immer wieder Wissenschaftler in die Gegend, um dem Phänomen auf den Grund zu gehen.

Der Aufstieg auf den Gletscher war ausgesprochen schwierig. Auch die dahinterliegenden Täler waren schwer erreichbar. Nur mit dem Flugzeug konnte man in diese Weiten vordringen, und viele Neugierige waren nicht zurückgekehrt. Also wusste niemand so recht Bescheid über das, was sich dort verbarg. Sicher war, dass es schon immer so gewesen war und dass das Wissen um die Alien-Basis von Generation zu Generation weitergegeben worden war.

Es war ihr unmöglich zu schlafen. Sie wickelte sich in ihren warmen Poncho ein und beobachtete fasziniert den Sternenhimmel, den Ort, von dem sie kam. Sie wollte heimkehren zu

„ihren" Sternen. „Ich weiß, dass ich da oben hingehöre, please take me home!", rief sie die Spirits an und beschwor sie. Aber nichts passierte.

Einige Tage später, zurück in Lima, sahen sie in den Nachrichten im Fernsehen zu ihrer großen Überraschung einen Bericht über eine wahre UFO-Flut mit Mutterschiffen und kleineren Objekten. Christa standen die Haare zu Berge. „... eine ganz alltägliche Erscheinung in dieser Region ...", sagte die Nachrichtensprecherin. „... Amerikaner und Militär eingeschaltet ... Untersuchung ...", brabbelte der Fernseher. „Shit, das wars! Das ist eine Schande!", rief sie und stieß vor Wut beinahe den Tisch um. Und so kam es auch. Nie mehr hörte und sah man etwas über diese Erscheinungen. Das Gelände wurde abgeriegelt und zu militärischem Sperrgebiet erklärt.

Illuminati und Promis im Schaufenster

Christa und Cesar waren sehr ambitioniert und hatten eine enorme kreative Energie, was man auch ihren Produkten ansah.

„Cesars Ledersachen waren heiß begehrt, und meine Designerklamotten wurden mir aus den Händen gerissen. Deshalb beschloss ich, dass wir an den teuersten Ort der Welt müssen, um einen Laden zu eröffnen. Das war natürlich in Gstaad.

Mit dem Zug kamen wir in Gstaad an, mit Vanya, Dutzenden von Koffern, Schachteln und Taschen. Anfangs war das Leben in Gstaad fast unbezahlbar für uns, die aus Ibiza ganz andere Verhältnisse gewohnt waren.

Kurz vor Weihnachten wurde es eng mit dem Geld. Wir mussten uns etwas einfallen lassen. Da kam mir die Idee, „groß einzukaufen". Mit riesigen Shirts gingen wir los und stopften die Esswaren für Weihnachten unter die Shirts. Weil wir schlichtweg kein Geld hatten, um Essen zu kaufen, mussten wir stehlen!

Der britische Schauspieler David Niven und seine charmante Ehefrau waren besondere Kunden unserer Boutique. David war immer zu jedem Spaß bereit. Ein super-cooler Schauspieler, very British! Er hatte sich verliebt in uns und unsere Boutique, die er sich zum zweiten Zuhause machte.

Eines Tages kündigte er an, er werde unser Geschäft weltberühmt machen. Wir lachten, worauf David versprach, dass er es ernst meinte. Er wollte jeden Morgen in unserem Schaufenster frühstücken. Das war eben very much David. Er brachte Kaviar und Champagner mit und veranstaltete eine Riesenshow in unserem Schaufenster. Ganz Gstaad spazierte vorbei und sah ihn da frühstücken. Ich habe nicht einmal ein Foto davon gemacht – wir wollten nicht mit ihm prahlen und fanden es auch unhöflich. Bei uns sollte man sich wohlfühlen.

Einmal hatte ich zwanzig Kilo Kokablätter in Riesensäcken, verzollt natürlich, aus Peru mitgebracht. In der Boutique machte ich daraus einen feinen Kokatee. Der ist sehr fein und hebt die Stimmung wunderbar an, aber ganz subtil, man merkt absolut nichts. Außerdem ist Kokatee gut fürs Herz. Meine Freunde und Kunden saßen stundenlang bei mir und fühlten sich wunderbar, wach – und natürlich: hochschwingend.

Wir waren gern gesehene Paradiesvögel und wurden zu den angesagten Partys eingeladen. Cyril Rothschild brachte die besten Rothschild-Champagner mit. Er war leidenschaftlich verrückt nach Pferden und hatte in einem Vorort von Paris eigene Rennpferde. Wir hatten ihn einige Male dort besucht und nächtelang gefeiert und den leckeren Rothschild-Champagner getrunken.

Am Morgen nach einer opulent durchgefeierten Nacht pflegte ich in unserem großen Chalet morgens energiegeladen durchzustarten – mit Aktionen wie dem Öffnen sämtlicher Fenster und dem Abspielen von Opernarien in voller Lautstärke. Draußen glitzerte der Schnee, und die Sonne strahlte kräftig durch die Fenster. Diese Arien waren wie gemacht, um die wundervolle Morgenstimmung zu verstärken. Die Musik stellte ich so laut, dass die schlafenden Schönheiten aus ihrem Drogenrausch geweckt wurden. Da stand ich vor dem weit geöffneten Fenster und rief: ‚Schaut raus, das ist Leben. Das ist Schönheit. Unsere Mutter Gaia ist einfach perfekt, seht sie euch an, was für eine große Mutter!'"

Zweite Entführung in Gstaad 1977

In Gstaad war sie zum zweiten Mal Aliens begegnet. Ihre Lebenssituation hatte sie so eingerichtet, dass sie möglichst selten in der Schweiz sein musste. Sie pendelte zwischen Brasilien, den USA und der Schweiz. Ihr Leben folgte dem Takt der Mode und der Jahreszeiten.

Im Sommer arbeitete sie zumeist in ihrer Boutique in Beverly Hills. Im Winter ging es nach Gstaad. Jahrzehntelang besuchte sie eine Fashionshow nach der anderen, auf der Jagd nach Mode fürs tägliche Brot und mehr, und modelte auf den Catwalks der wichtigsten Designer, verkaufte ihre eigenen Kollektionen und besprach mit ihren Leuten die neuesten futuristischen Ideen. Es gab Zeiten, in denen die Millionen nur so durch ihre Finger rinnten.

Spirituell gesehen war Gstaad eine Schlangengrube. Es wurde viel Kokain geschnupft. Doch Gstaad war immer wichtig, besonders in der Skisaison, wenn die zahlungskräftigen Millionäre, Millionärskinder und vor allem Millionärsgattinnen die Chalets bezogen.

In Gstaad machte sie die besten Geschäfte. Mit einem Augenzwinkern hatte sie ihre Boutique „Illuminatus" genannt. Es dauerte nicht lange, bis auch die Illuminaten auf sie aufmerksam wurden. In Gstaad wimmelte es von Mitgliedern des berüchtigten Geheimbundes.

Eines Tages tauchten Männer in ungewöhnlichen schwarzen Anzügen in ihrem Laden auf und stellten Fragen wie: „Was weißt du über die Illuminaten? Hast du einen Bezug zu ihnen?" Natürlich wusste sie von den Machenschaften der Illuminaten.

Als die unheimlichen Männer die Boutique verließen, sah Christa ihnen nach. Falls sie zu ihrem Auto gingen, wollte sie sich zumindest das Nummernschild merken. Doch es war nichts zu sehen. Die „Men in Black" lösten sich während sie auf der Straße gingen in Nichts auf.

***

Ein Bild aus der Zeit in Gstaad hat sich wie ein Film in ihr Gedächtnis eingebrannt. Es trägt einen roten „Erledigt"-Stempel.

Sie war auf der Party einer ihrer Freundinnen eingeladen. Da stand ein riesiger Esstisch in einem gewölbten, rustikalen Raum mit Steinmauern. Der Boden bestand aus schwarz-weißen Fliesen. An einer weiß gedeckten Tafel aßen Promis und Illuminaten gepflegt zu Abend. Unter dem großen Tisch leckten Frauen und Männer die Intimgegend der Sitzenden. In den großen, marmornen Badezimmern mit goldenen Toilettensitzen wurde Kokain geschnupft.

Einige trugen lange Kapuzenhemden und tanzten um einen Altar herum. Sie wollten eine Orgie abhalten. Christa ekelte sich vor der Gesellschaft. Als sie es nicht mehr aushielt, stieg sie die Wendeltreppe hoch, sah verächtlich auf die Szenerie herab und rief: „Ihr seid ja so was von verdorben. Glaubt ihr, ich gehöre zu euch? Niemals!", wetterte sie und lachte. Sie hatten versucht, sie mit Olivenöl einzureiben und sie dann für ihre kranke Orgie zu missbrauchen.

Von Gstaad hatte sie schnell die Nase voll. Aber das Geschäft ging vor. „Es ist nur einmal im Jahr", sagte sie sich jeden Winter und biss die Zähne zusammen. Erst Ende 1987, nach der dritten Alien-Entführung, verabschiedete sie sich für immer von Gstaad.

***

„Die zweite Entführung durch Außerirdische war 1977. Ich wohnte mit meinem ersten Mann in einem uralten Bauernhaus an einer langen Straße zwischen Gstaad und Lauenen. Eines Nachts wollte ich wie üblich ein letztes Mal raus mit meiner Dogge. Vanya, die sonst sehr mutig war, legte die Ohren zurück, klemmte ihren Schwanz ein und flitzte zurück ins Haus. Irgendwas lag in der Luft, ich fühlte es auch. Ich lief Vanya hinterher. ‚Was ist mit Vanya los? Que pasa?', fragte Cesar mich an der Tür. ‚Ich weiß es nicht, wo steckt sie?' Er zeigte in Richtung Küche. Vanya lag unter dem großen Küchentisch und zitterte am ganzen Leib. So hatte ich sie noch nie erlebt. Ich trat noch einmal vor die Tür, versuchte die Situation mit meinen Sinnen zu erfassen. Sehen, riechen, fühlen, hören. Nichts.

Wir gingen ins Bett. Unser Schlafzimmer lag zur Straße. Damals war das kein Problem. Es gab kaum Verkehr und nur sehr wenige Häuser in der Umgebung. Das kann man sich heute gar nicht vorstellen.

Während ich im Bett lag und den Tag in Gedanken an mir vorbeiziehen ließ, erblickte ich etwas Helles. Lichtkugeln flogen durchs geschlossene Fenster herein und tanzten in unserem Schlafzimmer. Ich weckte Cesar. ‚Siehst du das auch?' – ‚Ja, Kugeln', sagte er. Dann schwiegen wir. Die Kugeln waren im ganzen Raum, an den Wänden, und immer mehr kamen durchs Fenster. Mit großen Augen sahen wir dem Spektakel zu, bis wir einschliefen.

Am nächsten Morgen fand ich ein großes Brandmal von ungefähr zehn Zentimetern Durchmesser auf meinem Unterarm. Es tat nicht weh. Mir war klar, dass es die Aliens gemacht haben mussten. Auch die Lichtkugeln hatten etwas mit ihnen zu tun."

Sie machte ein Foto von dem Zeichen auf ihrem Arm und schickte dem Künstler H. R. Giger einen Abzug davon. Hansruedi Giger kannte sich gut mit diesen Dingen aus, er war Magier, allerdings eher der dunklen Seite zugetan. Die Bilder, in denen er unter anderem seine Grey-Visionen umgesetzt hatte, waren sehr bekannt geworden nach einem Oscar für seine künstlerische Mitarbeit am Hollywoodfilm „Alien".

Giger nahm das Foto mit nach Berlin, wo ein Alien-Kongress stattfinden sollte. Er zeigte es der Berliner Oberhexe. Die war bereits darüber informiert, dass mehrere Mädchen von Aliens markiert werden sollten. Eines der Mädchen sei eine junge Frau aus dem Berner Oberland – Gstaad liegt im Berner Oberland. Christa war laut der Oberhexe die Auserwählte, die mit Aliens in Kontakt treten und sogar weiter mit ihnen in Kontakt bleiben sollte.

Woher die Frau so viel wissen konnte, blieb ihr Geheimnis. Womöglich lungerte sie auf irgendwelchen Friedhöfen herum oder bekam die Infos in nächtlichen Träumen oder auf schamanischen Reisen mit Trommelmusik und Trance zugespielt von den Göttern, vom Teufel oder einem Spatzen.

Auch Christa hatte diese Gabe, die gefährlich werden und einen an den Rand des Wahnsinns führen kann. Auf jeden Fall ist es immer ein Spiel mit dem Feuer. Ein Stein, ein Flüstern, ein wacher Sinn, ein Kartendeck: Das können die Utensilien sein für den Weg ins Zwischenreich, das zwei Welten verbindet. Diese Oberhexe hatte sie doch tatsächlich gefunden. Sie musste jahre-, jahrzehntelange Erfahrung haben.

Nun brannte die Oberhexe darauf, mit Christa zu telefonieren. Sie wollte sie „vernehmen", sie verhören und möglichst viel in Erfahrung bringen, um ihr eigenes Wissen mit frischem Dünger zu beliefern. Giger hatte der Frau Christas Telefonnummer gegeben. Bald würde sie sie anrufen.

„Wer ist diese Frau?", fragte sie Giger. „Sie ist die Oberhexe von Deutschland. Ich habe großen Respekt vor ihr." Ooops! Wenn sogar Giger, der ein versierter Magier war, vor ihr Respekt hatte, musste das ein ziemlicher Brocken sein.

Als der Anruf der Frau kam, wimmelte sie sie ab. Ein Treffen? Nein. Keine Zeit. Dabei blieb es. Christa maß dem Ganzen keine große Bedeutung zu. Sie war sechsundzwanzig Jahre alt. Ihre erste Entführung lag zu diesem Zeitpunkt zehn Jahre zurück.

Dritte Entführung auf Ibiza 1987

Zehn Jahre vergingen, bis sie endgültig begriff: Sie war ein UFO-Mädchen! Es geschah auf Ibiza. Vor ein paar Nächten hatte sie ihren Lover, der sie oft betrogen hatte, zum ersten Mal mit einem Mann im Bett erwischt.

Da lagen sie, die zwei Kerle, verschwitzt und nackt. Ihr Lover hechelte, der andere röchelte, bekam fast keine Luft, weil er hingebungsvoll an seinem Glied hing und sein Bestes gab.

Die Szenerie zerfiel, als Christa den Raum betrat. Sie schnappte nach Luft, ihr Körper zitterte. „Das ist ja etwas ganz Neues, jetzt treibst du es mit Männern!" – „Da ist nichts. Er lutscht mir nur eins. Ich habe nichts mit Männern", beschwor er sie. Doch sie hatte verstanden.

„Ich habe genug von dir. Ständig betrügst du mich und nun das hier. Pack deine Sachen und geh!" Die beiden Männer zogen sich an, der Lover packte seine Sachen. „Lass es mich doch erklären, bevor ich gehe." – „Das interessiert mich nicht. Ich bin fertig mit dir."

Zum Abschied setzte sie einen Kaffee auf. Gemeinsam tranken sie wortlos eine letzte Tasse. Als er gegangen war, warf sie sich aufs Bett und wollte weinen, es gelang ihr jedoch nicht. „Noch so einer", dachte sie. „Das habe ich davon. Ich will ein erfülltes und spannendes Leben. Kein Geld, nein, ich will etwas erleben. Aber dass die Spirits mir immer solche Typen ans Bein kleben, verstehe ich einfach nicht. Es muss sich etwas ändern, verdammt!" Sie war inzwischen von ihrem ersten Ehemann geschieden, und sie hatten eine gemeinsame, sechsjährige Tochter, die sie nach den Prinzessinnen der Inkas benannt hatten: Ñusta.

In den folgenden Tagen zog sie sich völlig zurück. Am dritten Abend war sie zu einer Beachparty eingeladen. Sie nahm Conny, das Kindermädchen, mit und fuhr los. Nette Leute, den Kummer vergessen, lachen und tanzen, das, glaubte sie, war es, was sie brauchte. Zumindest für ein paar Stunden abschalten. Gestylt, hübsch angezogen, die Kleider so kurz, wie es nur ging, die Absätze dünn, aber nicht zu hoch, damit man knapp laufen konnte. Dass es auf der Party wieder von Drogen wimmeln würde, war klar.

Die Tür der Villa in San Miguel stand offen, das Abendessen war in vollem Gang. „Du, irgendwas stinkt hier. Riechst du das?" – „Ja, etwas ist nicht in Ordnung", sagte Conny. „Lass uns von hier verschwinden!" Was genau nicht stimmte, war schwer zu eruieren. Etwas lag in der Luft. Diese Party würde sicher nicht ihre Stimmung heben. Im Gegenteil, diese Party würde etwas kosten – womöglich ein Stück ihrer Seele für die Seelenfänger. An den Wänden des Esszimmers hingen viele tote Tiere. Es waren

Jagdtrophäen. Eigentlich nichts Besonderes aber im Kerzenlicht der Kronleuchter sahen sie bedrohlich aus. Unbemerkt stahlen die beiden sich davon. Der Gastgeber hatte sie noch nicht gesehen. Ihre Mägen knurrten, aber sie waren überzeugt, das Richtige getan zu haben.

Gegen Mitternacht fuhren sie zurück in die Stadt und machten sich auf die Suche nach einem Restaurant. In einem Take-away an einer Einbahnstraße brannte noch Licht. „Hallo, haben Sie noch eine Kleinigkeit zum Essen? Egal was, irgendwas!", flöteten die beiden Frauen. Der Wirt erkannte Christas Oldtimer. Es hatte sich auf der ganzen Insel herumgesprochen, dass eine flotte Blondine mit diesem auffälligen Oldtimer unterwegs war. „Ich habe noch ein Stück Tortilla. Kommt herein."

Er bereitete ihnen zwei große Sandwiches mit Tortilla und Tomaten zu. Conny wartete im Wagen. Christa bedankte sich, zahlte und setzte sich ans Steuer. Sie nahm schnell einen Bissen von ihrem Sandwich und legte es vorne aufs Handschuhfach neben Connys Sandwich. Als sie den Motor starten wollte, kam von oben ein enorm helles, goldweißes Licht, das beide Frauen mitsamt Auto aufsaugte. Im nächsten Augenblick befanden sie sich in einem runden, weißen Raum von etwa vierzig Meter Durchmesser. Drei beinahe durchsichtige Gestalten manifestierten sich. Sie waren so hell, dass ihre Umrisse flimmerten. Die Wände bestanden aus riesigen Flachbildschirmen, und ein Schaltpult war zu erkennen. Solche Bildschirme gab es in den Achtzigerjahren noch gar nicht. Sie waren völlig schockiert und bewegungsunfähig und beschlossen, vorerst im Auto sitzen zu bleiben.

„Wo sind wir hier?", fragte Christa. „Wir sind deine Familie." – „Aha. Von welcher Seite seid ihr, von der guten oder von der bösen Seite? Wenn ihr von der bösen Seite seid, gehe ich sofort!" Sie lachten. „Wir überlassen es dir, das herauszufinden", antworteten sie.

Die Unterhaltung verlief telepathisch. Christa sprach laut. Die Antworten gingen telepathisch an beide Frauen. Conny war sozusagen als Zeugin da. „Sonst würdest du uns wieder nicht glauben. Zweimal hast du uns ignoriert. Diesmal haben wir dich. Und es geht um deine Existenz. Du wirst sonst sehr bald sterben."

Ihre Antwort war ein lautes Lachen. „Ach wirklich? Sterben werde ich? Warum stehe ich denn jetzt vor euch, gesund und putzmunter? Ihr hört euch an wie eine Zigeunerin, die mir einen Schrecken einjagen will, um mir den Zaster abzuknöpfen."

Kaum hatte sie das gesagt, erschrak sie über sich selbst. „Warum bin ich manchmal so schrecklich gemein? Sogar jetzt, wo etwas wirklich Wichtiges passiert, verliere ich den Boden, werde übermütig und arrogant", dachte sie. „Ja, du bist manchmal arrogant. Auch diese Seite von dir ist uns bestens bekannt. Und das wird dich töten." Sie zuckte zusammen. Die Aliens konnten ihre Gedanken lesen!

Sie nutzte die Situation, um einiges klarzustellen. „Erklärt mir erst einmal, wo ihr steht. Seid ihr Gott?" – „Nein, wir sind höhere Wesen. Höher als ihr Menschen. Aber wir haben dieselbe Urquelle." – „Warum seid ihr hier?" – „Damit du endlich weißt, was du im Leben zu tun hast." – „Wart ihr es, die mich die letzten beiden Male mitgenommen habt?" – „Ja, aber du hast damals nichts verstanden." – „Und ich verstehe auch jetzt nichts, das gebe ich zu." – „Beruhige dich erst einmal."

Eine Welle von Liebe erfasste die Frauen. Tränen liefen über ihre Gesichter, und nach und nach wurde aus tiefster Verunsicherung eine tiefe Entspannung und Freude. Sie stiegen aus dem Wagen, der inmitten der großen, weißen Kugel stand. In einem der Filme auf der Bildschirmwand erkannte sie sich selbst. „Da, das bin ja ich, das ist ja … mein Leben!"

Ihr gesamtes Leben war in unzähligen Filmsequenzen zu erkennen. „So etwas bekommt man nur zu sehen, wenn man stirbt", war ihr erster Gedanke. Aus Nahtoderfahrungen ist bekannt, dass sich das ganze Leben in schnellen Bildern vor dem geistigen Auge abspielt, bevor man in einen Tunnel kommt, der zum Licht führt. „Aber ich sterbe nicht. Es geht mir wunderbar. Ich finde es übrigens schön hier."

„Schau weiter. Hier zeigen wir dir, wie es mit dir enden könnte."
Sie drehte sich zum nächsten Bildschirm und sah ihren Tod. Erst
zerstörten sie die Drogen, dann raffte Aids sie dahin. „Und, was
kann ich tun? Wie geht es jetzt weiter?" – „Dreh dich noch ein
Stück und sieh hin." In dieser Filmsequenz wartete sie in einer
Menschenschlange in einer Kantine. Sie trug keusche, lange Kleider.
„Ist das ein Gefängnis? Das fühlt sich nicht wie ein Gefängnis
an. Was ist das bloß?" – „Das ist eine Schulung in einem Kloster."

„Und dann, was passiert dann?" – „Dann kommen wir ins
Spiel. Wir kommen auf die Erde. Schau dir die nächste Sequenz
an. Sie zeigt, wie es vonstatten gehen könnte", sagte der Sternenbruder. Seine Präsenz war ganz leicht, er war groß, hager und
beinahe durchsichtig. Seine Augen waren dunkel, er sah aus wie
ein alter, ernsthafter Wissenschaftler.

Der Film zeigte eine riesige Menschenmenge; es schien sich
um eine spirituelle Veranstaltung zu handeln – in einem Open-
Air-Stadion am Meer. Auf einer großen Bühne stand ein einziger
Mann. Er machte Musik. „Wie kann er das? Wie kann ein einziger
Mensch so geile Musik machen?", fragte sie ungläubig. Sie hatte
ja keine Ahnung, dass kurze Zeit später Discjockeys ganze Bands
ersetzen und genauso gefeiert werden würden wie Rockstars.
Dieser eine Mann am Mischpult brachte die Leute zum Toben.

Als das Stück zu Ende war, sprach der DJ zur Menge. „Also,
Leute, wir machen jetzt einen Versuch. Wir sind jetzt so weit,
dass wir imstande sind, Kontakt aufzunehmen mit den UFOs,
und wir machen nun einen riesigen Kreis!" Die Menge begann
zu kreischen, und viele weinten vor Freude. Sie fassten sich bei
den Händen und hüllten sich in weiß-goldenes Licht.

Die Bildschirme wurden schwarz. Christa drehte sich ein Stück
weiter und suchte die nächste Sequenz. Doch es blieb dunkel.
Dann hörte sie ein Surren. Klick! Auf der nächsten Bildschirmwand ging ein Bildschirm nach dem anderen an. Milliarden von
Fernsehern und Computern strahlten weltweit das Livekonzert
aus, alle konnten den Lichtring sehen, er war auf sämtlichen

Fernsehbildschirmen und allen Kanälen zu sehen! Klick, der nächste Bildschirm ging an. Dasselbe Bild. Klick, klick, klick, klick! Weltweit hatten sich die Medien vernetzt und übertrugen das Ereignis live.

Die Zuschauer waren zuerst perplex. Dann folgten sie begeistert den Anweisungen des DJs und hüllten sich in das weiße Licht. Die ganze Welt hatte 2001 zusehen müssen, wie das World Trade Center zerstört wurde. Seitdem brachten die Medien nur noch falsche, Angst schürende Nachrichten. Jetzt kam endlich etwas Positives!

Als Nächstes wurde Christa, die Backstage war, auf die Bühne gerufen. „Weshalb ich? Shit, nein! Bin ich die Dancing Queen oder wie?"

Sie hatte schon einiges erlebt im Backstage-Bereich in London und auf Ibiza. Der betrunkene Mick Jagger von den Rolling Stones hatte einmal ihr blütenweißes Kleid mit seinem Drink. Er war gerade bei ihr abgeblitzt, und das war seine Revanche, aber wahrscheinlich war er einfach sturzbetrunken.

Nun stand sie auf der Bühne. Während die Blicke auf sie gerichtet waren, wurde sie von einem großen Lichtkegel von oben aufgesaugt. Über allen Köpfen schwebte ein riesiges UFO.

„Warum haben sie das gemacht, warum haben sie mich hochgebeamt?", fragte sie die Außerirdischen. Conny begann zu weinen. „Damit die Menschheit sieht, dass es uns gibt. Du bist unsere Zeugin, eine Art Botschafterin. Wir werden uns zeigen, unsere Existenz kann nicht mehr geleugnet werden. Wir werden die Medien kurzschließen und einen Beweis liefern: dich. Dein Verschwinden wird Aufsehen erregen, und deine Rückkehr wird fieberhaft erwartet werden. Wenn du zurückkommst, werden sie dir viele Fragen stellen. Deine Aufgabe wird es sein, ihnen von uns zu erzählen." Sie begriff, dass die Rückkehr auf die Erde mit großen Schwierigkeiten und vielen „menschlichen" Fragen und Untersuchungen verbunden sein würde.

Das Freudenfest auf der Erde ging weiter, während Christa einige Tage bei den außerirdischen Sternenbrüdern verbrachte.

Sie zeigten ihre Dinge und Techniken, die die Lebewesen auf der Erde um Lichtjahre weiterbringen würden. Dann veränderte sich die Energie wirbelwindartig, und sie war in einer ganz anderen Welt. Sie stand mit ihren Begleitern auf einem Hügel. Vor ihnen dehnte sich ein flaches, türkisfarbenes Tal aus.

„Ich sehe supermoderne, fast transparente Gebäude in verschiedenen Größen und Materialien verstreut in der großen Ebene, freistehend oder als kleine Siedlungen. Wunderschöne, nie gesehene Blumen und Pflanzen blühen, und ein umwerfend feiner Geruch liegt in der Luft.

Meine Begleiter erklären mir die Situation: Du bist jetzt auf den Plejaden, in der fünften Dimension. Was du da siehst, sind Schulen, Universitäten, Technische Labors, Werkstätten und Forschungsstationen. Sie sind dazu da, eine ‚neue Erde' auf der feinstofflichen Ebene zu entwerfen und zu bauen. Die Wissenschaft, soziale Einrichtungen, Kunst und Politik werden hier für die kommenden Veränderungen auf der Erde neu entworfen. Wir arbeiten hier alle mit dem Ziel, die Transformation herbeizuführen. Alles soll auf der höheren Ebene bereit sein, wenn unser geliebter Planet aufsteigt. Das wird selbstverständlich nicht von einem Tag auf den anderen passieren, deshalb benutzen wir nun die gegenwärtige ‚Übergangszeit' dazu, einen Teil von unseren Entwürfen und Projekten freizugeben. Es sind Neuerungen, die wir ohne Risiko ins alte System integrieren können. Doch erst wenn ihr so weit seid, dass ihr die Grundlage einer neuen Welt begreift, dürfen wir eingreifen. Die Bevölkerung wird mithilfe liebevoller und weiser Menschen die einzelnen Gebiete transformieren können.

Auf unserem Campus ist alles vorbereitet, wenn neues Wissen und neue Techniken notwendig sein werden. Unsere Mitarbeiter sind geschult, und die Einsatzpläne liegen bereit. Für jeden Teil der Erde wurden die bestmöglichen Lösungen für den Transformationsprozess erarbeitet. Er wird über unsere Boten, in welcher Gestalt auch immer, den Menschen gebracht werden, die dafür empfänglich sind. Dadurch baut sich ein morphogenetisches Lichtfeld auf, das euch Freiheit, Frieden und Gerechtigkeit bringt. Du wirst Zeuge sein von dieser neuen Lebensweise mit seiner inspirierenden, alles verändernden Denkweise.

Dann schweben wir zu einem besonderen Gebäude, das aus farbig-transparentem Plexiglas zu sein scheint und durch seine futuristische Bauweise auffällt. Es macht den Eindruck, dass hier alle Aktivitäten zusammenlaufen. Wir betreten die Eingangshalle, wo ein emsiges Treiben herrscht. Menschen und außerirdische Wesen bewegen sich in heiterer Gelassenheit. Türen und Treppen führen zu anderen Räumen und zu höheren Stockwerken. Dazu bekomme ich weitere Erklärungen:

Dieses zentrale Hauptgebäude beinhaltet die Koordination aller Wissenschaftszweige und Arbeitsgebiete des Campus, die für das Projekt ‚Neue Erde' wichtig sind. Von hier aus werden die Kontakte, die Kommunikation und die Informationen zu den Zentren der Weißen Bruderschaft, zu den beteiligten Raumbrüdern und zu den Lichtarbeitern auf eurem Planeten sichergestellt. Kein Mensch kann sich die Komplexität und die technischen Möglichkeiten vorstellen, die dieses Projekt benötigt, damit es vollkommen sicher und friedlich durchgeführt werden kann. Unzählige Mitarbeiter sind daran beteiligt, und die Leitung wacht mit ihrer Weisheit, Kompetenz und ihrem Wissen darüber, dass den Menschen der Erde endlich die Freiheit gebracht werden kann."

Die Botschaft der Sternenbrüder fühlte sich an wie ein fantastischer Traum, von dem man nicht mehr aufwachen will, und jeder Gedanke an die Erde verursachte von nun an nur noch Leiden.

Einen Bildschirm weiter sah sie ihre Rückkehr von den Außerirdischen, die ihre gruseligsten Vorstellungen übertraf. Sie lag gefesselt auf einer Liege. Es musste eine Art Quarantäne sein. Sie vermutete, dass sie sich irgendwo in Area 51 befand. Man wollte sie gründlich untersuchen. Sie versuchte die Ärzte davon zu überzeugen, dass die Untersuchungen unnötig waren.

Die Außerirdischen waren friedlich. Und sie waren viel fortschrittlicher als die Menschen. Sie konnten unmöglich eine Gefahr sein. Im Gegenteil. Sie besaßen womöglich den Schlüssel für die Heilung des Planeten und seine ungemütlichen, gierigen und kranken Bewohner.

Zuerst untersuchten die Wissenschaftler sie auf Radioaktivität, dann wurde sie in einen Schutzanzug gesteckt. Schmerzhafte Experimente musste sie über sich ergehen lassen. Sie entnahmen ihr Blut und Gewebeproben, um sicherzustellen, dass sie keine Gefahr für die Menschheit war.

Sie wimmerte auf der Liege und ließ die unangenehmen Nadeln und das grelle Licht über sich ergehen. Diese Leute kannten kein Erbarmen. Die Interessen der Menschen waren prioritär. Die untersuchenden Ärzte waren in dieser Hinsicht genauso grausam wie die bösen Aliens, die Greys. Der Vorwand für ihren gelebten Sadismus war die „Angst" vor Krankheiten und Viren, die eingeschleppt werden könnten. Kurzum: Sie hatten gar nichts verstanden.

Irgendwann mussten sie Christa freilassen. Schließlich wartete die ganze Welt auf ihre Rückkehr. Sie flog nach Washington, wo sie direkt vom Flughafen in eine Limousine dirigiert wurde. Eine Pressekonferenz wurde von ihr erwartet. Und es kam nun sehr darauf an, was sie sagen würde. Sie war nicht mehr dieselbe wie früher. Sie hatte einen enormen Wissenszuwachs, den sie weitergeben wollte.

In der folgenden Zeit gab sie Schulungen, heilte Menschen und hielt Vorträge. All das sah sie auf den Bildschirmen und staunte. Auch ihre Heilfähigkeit hatte sich also verstärkt. Heilkräfte, die die Menschen so sehr benötigten angesichts der schlimmen Krankheiten, die auf der Erde wüteten.

Das Beste an den Prophezeiungen war, dass die Entwicklung der Erde unweigerlich zu einer vollendeten Transformation der Lebewesen führte. Die Menschheit wurde befähigt, sich selbst und andere zu heilen, indem sie zu ihrem Ursprung zurückkehrte. Auch die Kommunikation würde sich grundlegend verändern. Worte würden überflüssig werden. Die wichtigsten Informationen würden von Herz zu Herz vermittelt zwischen Mensch, Tier und den außerirdischen Freunden. Sie würden Mutter Erde achten, weil sie ein Teil des großen Ganzen ist. Alles hat denselben Ursprung, alles ist eins. Irgendwann. Noch nicht. Schlimmes würde bis dahin noch geschehen.

Der nächste Film zeigte den Beginn des Dritten Weltkriegs. Sämtliche Nationen und Gesellschaftsschichten gingen aufeinander los, ein totales Chaos herrschte. Dann, inmitten der Kriegswirren, passierte etwas Dramatisches vor New York.

Mit Schrecken sah sie auf den Bildschirmen, dass etwas Großes ins Meer stürzte. Sie sah es aus der Vogelperspektive, konnte aber nicht erkennen, ob es ein Asteroid oder eine Atombombe war. Eine Flutwelle radierte ganz New York und Umgebung aus. Nun war das Fass im wahrsten Sinne des Wortes übergelaufen.

Da begann jemand zu sprechen, den man bislang für stumm gehalten hatte. Mutter Erde stand auf und sagte: „So, jetzt reicht es. Ich halte keinen weiteren Krieg mehr aus."

Mutter Erde schüttelte sich daraufhin heftig und löste ein Erdbeben nach dem anderen aus. Die Menschen passten sich der Situation an. Angesichts der Naturkatastrophen verloren die Kriege ihre Wichtigkeit. Man war gezwungen, einander zu helfen und umzudenken.

Es ging nicht mehr um Glauben, Rechthaberei und Egoismus, sondern zu überleben, ohne dem Ego Beachtung zu schenken. Das Ego wurde zurückgestuft zu dem, was es wirklich war – einem Werkzeug. Ein Erdbeben konnte jeden treffen, vom Manager bis zum Arbeitslosen. Die Erde war Ego-Kriegen gegenüber gleichgültig. Sie wollte leben und es von nun an den Menschen überlassen, sich zu heilen. Zu wenige von ihnen waren ihr treu. Und der Rest sollte spüren, dass sie das Zepter in der Hand hielt.

Mutter Erdes Botschaft wurde von den meisten verstanden, Waffen wurden niedergelegt, Kriege beendet. Ein paar Unbelehrbare hatten sich bandenmäßig organisiert und plünderten überall.

Nahrung war weltweit sehr knapp – wegen der vielen Kriege war die Bewirtschaftung der Böden vernachlässigt worden. Das Saatgut war genetisch manipuliert und demzufolge nicht zu gebrauchen. Das natürliche Saatgut, sicher aufbewahrt von Menschen und Organisationen, die diese Situation vorausgesehen hatten, reichte nicht aus. Zeit, Energie und Geduld – und kein Geld der Welt – waren nötig, um die Erde wieder zu kultivieren und von ihren Früchten zu leben. Tausende fielen Hungersnöten zum Opfer. Wer noch die Kraft hatte, schloss sich mit anderen zusammen und tat das einzig Vernünftige und widmete sich dem Ackerbau.

Es ging mühsam voran, aber mit der Zeit spross Leben aus dem Boden. Kartoffeln, Weizen, Apfelbäume, Kohl, Maniok, Kiwis, Bohnen.

Das Leben auf Mutter Erde veränderte sich grundlegend. Das Model, die Geschäftsfrau und das Jetset-Girl gehörten der Vergangenheit an. Sie schrieb ein Buch über ihr Leben, und bald wurde es verfilmt.

Ihre Freunde, die noch am Leben waren, spielten im Film ihre eigene Rolle. Dazu gehörten unter anderem Carlos Santana, David Bowie, Tina Turner, Grace Jones, Liz Taylor, Roman Polanski und Liza Minelli.

Weil der Film weltweit gezeigt wurde, durfte sie nach jahrelangem Einreiseverbot, weil sie sich geweigert hatte, für die CIA zu arbeiten, zur Premiere in die USA reisen. In einem großen Jet flog sie mit Familie und Freunden nach Los Angeles.

Einen Screen weiter, es sollte der letzte sein, bot sich ein Anblick, der sich tief in ihr Gedächtnis eingebrannt hat. Seite an Seite ging sie mit ihrer erwachsenen Tochter, ihrem neuen Mann und ihren Freunden auf dem roten Teppich. Christa trug ein traumhaft schönes, glitzerndes Designerkleid mit einem tiefen Rückenausschnitt.

„Endlich tragen wir wieder geile Klamotten", flüsterte sie Ñusta, die eine wunderschöne junge Frau geworden war, augenzwinkernd zu. „Ja, genau so haben wir's gern", antwortete Ñusta. Das Angenehme mit dem Nützlichen verbinden, diese Gabe sollte ihr trotz der grundlegenden Läuterung bleiben. Gründe, sich aufzubrezeln, konnte es, wenn es nach ihr ging, gar nicht genug geben.

***

Das Bild vom roten Teppich in Hollywood verblasste. Der Übergang in die alltägliche Wirklichkeit war kaum zu spüren. Die beiden Frauen wurden zurückgebeamt auf die Einbahnstraße auf Ibiza. Im Restaurant brannte kein Licht mehr.

Das Auto stand genau andersherum, als es hineingefahren war. Die Aliens hatten das Fahrzeug um hundertachtzig Grad gedreht, was auch eine radikale Kehrtwende in ihrem Leben symbolisierte. Auch die Tortilla-Sandwiches lagen nicht mehr vorn auf dem Armaturenbrett, sondern hinten auf der Hutablage. Christa und Conny begannen zu weinen. Und sie weinten und weinten. „Was sollen wir jetzt tun? Wir müssen mit jemandem darüber reden." Sie fuhren zu einem Freund und erzählten ihm die ganze Story brühwarm. Dabei sollte es vorerst bleiben. Doch sie kam nicht umhin, sich Gedanken zu machen über diese fantastische Entführung und die gezeigte Geschichte über ihr Leben. Würde es wirklich so ablaufen? Was ist mit dem „freien Willen"? Das könnte doch alles ändern. Wie weit wird die Welt und werden ihre Bewohner in 10, 20 oder 30 Jahren sein? Inwiefern ist diese Geschichte in Stein gemeißelt?

Sie beschloss, sich so wenig Gedanken wie möglich zu machen – und dem Leben seinen Lauf zu lassen, die Spirits würden es schon regeln, und es würde DAS passieren, was nötig war.

Erst viele Jahre später lernte Christa andere Alien-Entführungsopfer kennen. Die meisten von ihnen waren lange Zeit allein mit ihren Erfahrungen. Manche gerieten an den Rand des Wahnsinns, wurden paranoid und lernten Nervenanstalten von innen kennen. Die kleinen grauen Aliens sind die unangenehmste Sorte. Ihre Opfer kommen mit schmerzvollen Erinnerungen auf die Erde zurück. Und dann gibt es die „Men in Black", die jede UFO-Begegnung im Keim ersticken. Sie zerstören sämtliche Bildaufnahmen, machen Hausbesuche, um die Entführungsopfer zum Schweigen zu bringen. Sie brauchen keinen Wagen, sie sind anders unterwegs. Wer ihnen beim Weggehen hinterherschaut, kann sehen, wie sie sich regelrecht in Luft auflösen. In Gstaad hatte sie eine Gratis-Vorstellung von den Men in Black bekommen, weil sie ihre Boutique „Illuminatus" genannt hatte.

Eine Alien-Begegnung der unangenehmen Art hatte sie in ihren letzten Jahren auf Ibiza. Wie jedes Jahr im Oktober, bevor sie zur Wintersaison nach Gstaad aufbrach, gab sie eine Vollmondparty am Strand vor dem mystischen Felsen „Es Vedra". Ihre Freunde waren gekommen, mit ihren Kindern und Hunden. Auch Marisa Martin, die Malerin und Fashiondesignerin, war da. Das Lagerfeuer und die Gitarrenklänge untermalten die typische Ibiza-Stimmung.

Die Party war in vollem Gang, als sie plötzlich umringt waren von einer Truppe kleiner, grünlicher Krieger mit Schuppen und Schwimmhäuten an Händen und Füßen. Sie richteten unbekannte, hoch technische Waffen auf die Leute und hatten eine glasklare telepathische Botschaft: „Geht, geht!!!!" Die Partygäste waren starr vor Schreck.

Nur einer ließ sich nicht beeindrucken. Ein junger Hippie namens Hatschgy stand auf, ging auf den grünen Krieger zu und bot ihm eine Zigarette an. Er ging sogar noch weiter und bestaunte die Waffen der Aliens. „Toll, sowas habe ich noch nie gesehen", sagte er. Prompt bekam er eine Abfuhr, und wieder kam die glasklare Warnung: „Geht, geht!"

Auf einmal setzten sich alle in Bewegung, und es kam zum Tumult. Was war das? Wer war das? In wilder Flucht waren die Partygäste zu ihren Autos gerannt und in die falsche Richtung losgebraust.

„Es Vedra" ist bekannt für solche Vorfälle. Im Felsen befindet sich angeblich eine Unterwasser-Alien-Basis. Insofern passten die Schwimmhäute der kleinen Wesen. Die Fischer machen immer einen großen Bogen um „Es Vedra". Die Energien dieses Ortes sind für Menschen zu hoch, doch wer sich darauf einlässt, kann Frieden finden. Es wird sogar gemunkelt, dass schon manche am Strand vor der Insel, der Cala d'Hort, Heilung gefunden haben. Wenn man es nicht übertreibt wie der Mönch, der hier lebte und wahnsinnig wurde, kann man das wahre Wesen von „Es Vedra" spüren.

Schnappschuss an einer Party (o.), Shooting in Gstaad.

Shooting in Paris 1978.

New York mit Michael Wilding junior, Sohn von Liz Taylor, (l.),
Christa Trachsler (2.v.l.), Michael Fishbach, Tennisstar (2.v.r.).

Oben: Naschen in der Küche.
Rechts: Fotoshooting für
Boutique Illuminatus
in Gstaad 1980.

Joan Collins (l.) mit einem Gürtel von Illuminatus, Rechts: Miami Beach Kollektion 1993.

Saisoneröffnung Illuminatus 1986.

Shooting für Boutique Illuminatus in Gstaad
mit Christa Trachsler (l.) und Tennisstar Victor Pecci (2. v. l.).

FOR IMMEDIATE RELEASE

CONTACT: Rolando D'Angelo

MIAMI'S NEWEST ARRIVAL

Designer and creator of fashion for the 'Stars' of the world, Christa Trachsler is bringing her collection to the South Florida area for the first time.

Christa, a former Dior, Lanvin, and Cacharelle Couture model and winner of many international beauty titles, was born and raised in Zürich, Switzerland. At the age of fourteen she began to design her own clothes. Shortly thereafter she opened her first boutique in Gstaad, Switzerland. 'Illuminatus' became a meeting-place for the stars, a place to see and be seen.

At the suggestion of the late and gracious Peter Sellers, Christa moved to Beverly Hills, CA, to the famous Rodeo Drive, where she made available her designs for motion picture projects. By this time, her collection could be seen in 'Vogue', 'Harper's Bazaar', and 'Women's Wear Daily'.

Later she went on to open her boutiques in Ibiza, off the coast of Spain, and Sosua, located on the northern coast of the lush carribbean island of Republica Dominicana.

Some of her celebrety clients are:

* Cher   * Romy Schneider

* Liza Minelli   * Mrs. David Niven

* Joan Collins   * Gina Lollobridgida

* Liz Taylor   * Mrs. Gunther Sachs

* Linda Evans   * Grace Jones

* Dyan Cannon   * Julie Andrews

and many more.

Nusta (l.) mit Sänger Chris von Rohr auf Ibiza.

Christa Trachsler und Brigitta Notz feiern ihren Doppelgeburtstag,
mit Roman Polanski.

Oben und unten rechts:
Fotoshooting in
Gstaad 1980.

Unten: Shooting in
Miami Beach 1991.

Mit Peter Sellers in Gstaad 1980.

Oben: Mit Wendy und Emery Reves in Roquebrune/Frankreich.
Unten: Geburtstagparty mit Coiffeur Danniel Saner aus Zürich.

Im Frauenknast von Beverly Hills

Christa dachte nicht daran, die Alien-Entführung mit Conny im Wagen niederzuschreiben, ein Buch daraus zu machen oder mit dem Erlebten an die Öffentlichkeit zu gehen, was eigentlich ihr Auftrag war. Sie nahm stattdessen ihre Tochter und fuhr zurück in die Schweiz. In Gstaad löste sie ihren Haushalt auf, schloss das Geschäft und kaufte ein Ticket in die USA. Wer ihr bei jedem Schritt in die Quere kam, war Cesar. Er wollte seine Tochter zurück, er wollte sie sogar entführen und gab sein Bestes, um Christa in Schwierigkeiten zu bringen. Nach der Trennung verbrachten Mutter und Tochter einige Jahre in Miami, wo sie durch ihren Exmann im Gefängnis landen sollte.

Im Sommer 1985 hatte sie für Roberto Cavalli und seine Schwester Lietta gearbeitet. Auch die eigenen Kollektionen hatte sie in den Modeschauen in Paris und Florenz präsentieren können. Danach flog sie wie jedes Jahr mit ihrer Tochter und dem Kindermädchen nach Beverly Hills, um die neuen Kreationen auszuliefern.

Hier hatte sie dank dem Schauspieler Peter Sellers einen Laden am Rodeo Drive gefunden. Sie war lange mit Sellers befreundet – in Gstaad war seine Frau Lynne immer eine treue Kundin gewesen. Ihre Kunden kamen von überall her, aus NY kamen Stars wie Cher, aus Texas die ganzen Öl-Millionäre und Ranch-Besitzer, und dann waren da noch die Filmstars und ihre Frauen oder Begleiterinnen wie Roger Moore, Dyan Cannon, David Bowie, Klaus Kinski und Roman Polanski. Auch alte Bekannte aus Gstaad waren unter ihren Kunden. Man kannte und liebte Christa und ihre flippigen Kleiderkollektionen. Sie war ein Insider – und ein fester Wert bei VIP- und Filmpartys.

Mittlerweile war ihr Leben in etwas ruhigeren Gewässern angekommen, ihre Kleider verkauften sich blendend, und sie war endlich frei von Cesar und genoss das Leben.

Das sollte sich bei einer Hochzeit in Beverly Hills ändern. Sie fuhr los mit Ñusta und Conny. Im Kofferraum lag eine große

Truhe mit Kleiderkreationen, die verkauft werden mussten. Ñusta wollte unbedingt zur Hochzeit, doch sie war noch zu klein und musste anderweitig untergebracht werden. Glücklicherweise lebte Christas Schwester Eva zur damaligen Zeit in der Nähe von Beverly Hills. Ñusta durfte also ein paar Tage bei ihrer Tante Eva verbringen, bis alles erledigt war.

Ñusta war bei Eva untergebracht, und die beiden Frauen fuhren weiter. Conny nahm ein Kaugummi in den Mund und begann aufgeregt zu kauen. „Jetzt geht die Party los", sagte sie schmatzend und kündigte an, dass sie „mal wieder was erleben" wollte. So sollte es auch kommen. Jedoch anders, als Conny es sich vorgestellt hatte.

Nach der Hochzeitsparty sollte es weitergehen zu Lynne Sellers. Vor fünf Jahren war Peter Sellers an Herzversagen gestorben. Er war ein wunderbarer Mensch, der viel zu früh gegangen ist.

Die Frauen stellten den Wagen vor der Kirche ab. Sie machten einige Schritte entlang einer niedrigen alten moosbewachsenen Mauer. Dahinter stand eine Kirche mit einem kleinen, alten Friedhof. Hier sollte die Trauung stattfinden. Ein Liebespaar würde sich das Jawort geben. Was dieses Wort wert war, hatte sie bereits gelernt: nichts. In Kirchen hatte sie sich nie sonderlich wohlgefühlt. Drinnen kam ihr der Geruch von Weihrauch entgegen. Die Hochzeitsgesellschaft, der Priester und das Brautpaar ergaben zusammen eine unangenehme Mischung, die sie ins tiefste Mittelalter versetzte. Diese Institution hatte Hexen verbrannt und Menschen verfolgt, die ihre Lehren infrage gestellt und widerlegt hatten.

Sie hasste dieses Stillseinmüssen in der Kirche, dieses Durchhalten, bis der Priester da vorne fertig war, und sah sich in Gedanken an einen Pfahl gefesselt als Hexe, in Flammen stehend. Dunkle Augenpaare sahen zu, wie sie Stück für Stück verbrannte, bis nur noch ihre Asche zurückblieb, auf der sich nun die rote Schlange niedergelassen hatte.

Ein Geräusch weckte sie aus ihrem Tagtraum. Etwas war auf den Boden gefallen. Ein kleiner Junge hatte das Liederbuch fallen gelassen. Seine Mutter sah ihn mahnend an. Der angenehme Teil der Zeremonie würde erst nach der Trauung beginnen.

Draußen wurden die obligatorischen Fotos geschossen, Reis flog durch die Luft, und eine Brautjungfer stolperte auf dem Kiesweg und zerriss sich das Kleidchen. Das kleine Drama wurde geschickt aufgefangen, ein hysterischer Schreianfall des kleinen Mädchens blieb erstaunlicherweise aus.

Nach der Trauung schlenderten Christa und Conny zurück zum Auto und lachten über die kleinen Missgeschicke, die solchen Ereignissen erst die richtige Würze gaben.

Bei ihrem Auto standen mehrere Polizisten. Sie starrten Christa und Conny an, als sie sich näherten. Überrascht fragte Christa, was los war. Der leitende Polizist trug einen scheußlichen kleinen Schnauzer. „Das muss wohl der Alpha-Schnauz sein", kicherte Christa. Der Mann zeigte seine gelben Zähne und sprach: „Ihr wisst schon, was ihr ausgefressen habt. Halten wir die Sache kurz: Wo ist das Kokain?" – „Kokain? Ich habe kein Kokain. Aber ich habe eine neue Kleiderkollektion. Wie kommen Sie auf Kokain?" – „Wir haben da einen entsprechenden Hinweis bekommen."

Für sie war sofort klar, dass diese Sache mit ihrem Exmann in Verbindung stand. Er lieferte Kokain nach Beverly Hills und musste diese Polizisten gekauft haben für sein Ziel, ihr die Tochter zu rauben – aus Rache, weil sie ihn verlassen hatte. Und nun wollte er, ein Dealer par excellence, sie als Dealerin einsperren lassen.

Die Beamten begannen das Auto zu durchsuchen, während sich der Hochzeitsgesellschaft ein filmreifer Anblick bot: Da standen zwei bildhübsche junge Frauen in schönsten Designerkleidern und trugen einen ganz besonderen Armschmuck: Handschellen!

Die beiden Frauen nahmen die Sache locker. Sie lachten und plauderten mit den Polizisten, als ob nichts wäre. Sie waren überzeugt, dass es sich um ein Missverständnis handelte. Denn es gab nichts, was die Polizisten hätten finden können.

Statt Kokain hatten sie einige wunderschöne, große Psilocybin-Pilze, die sie geschenkt bekommen hatten, und etwas Marihuana. Aber die Herren waren auf Härteres aus. Da sie nichts finden konnten, begannen sie das Auto auseinanderzunehmen.

„Mist, das Auto ist gemietet", raunte Christa. Die Polizisten hatten keinen Erfolg. „So, es reicht. Jetzt möchten wir aber zurück zu unserer Party", sagte sie. Die Polizisten lachten verächtlich und fuhren fort mit ihrer Suche. Gefühlte Stunden wühlten sie in den Kleidern, trennten mit Scheren Säume, Ärmel und Kragen auf und zerstörten jedes Teil minuziös. Eine weitere Spezialeinheit wurde gerufen. Sie machten sämtliche Drogentests mit beiden Frauen und fanden nichts bis auf Cannabisspuren im Blut.

Nachdem das ganze Auto gecheckt worden war und sie nichts gefunden hatten, lag plötzlich gut sichtbar im Aschenbecher ein kleines Brieflein mit weißem Pulver. Der Alpha-Schnauz zeigte sein breitestes gelbes Grinsen.

Conny begann zu zittern. „Ein Stuhl, ich brauche einen Stuhl, bitte", sagte sie und setzte sich auf einen Koffer. Christa zischte: „Ihr seid so wahnsinnig gründlich, da wäre es ein Klacks, die Fingerabdrücke auf diesem Tütchen zu identifizieren. Auf das Ergebnis bin ich ja mal sehr gespannt. Die können nämlich nicht von uns sein. Zeigt mal, ob euer mobiles Labor etwas taugt." Die Spürnasen wurden richtiggehend wütend. Beamtenbeleidigung sei das.

Inzwischen war es Nacht geworden. Die beiden Frauen wurden ins Gefängnis von San Diego gebracht. Hier saßen Mörderinnen und Dealerinnen ihre Haftstrafen ab. Im Gefängnis angekommen, wurden die typischen Verbrecherfotos von ihnen gemacht, und dann ging es weiter in den Schlafraum.

Schätzungsweise zweihundertachtzig Frauen verteilt auf sieben Bettenreihen hatten hier Platz. Am Anfang jeder Bettenreihe schien ein Mann zu liegen. Männer im Frauenknast? Bei näherem Hinsehen sahen sie, dass es keine Männer waren, sondern Dykes: grobschlächtige, meist schwarze, maskuline Frauen.

Die Dykes musterten grimmig die Neuankömmlinge, während die anderen Insassinnen sie mit Geschrei und Spott begrüßten. Aus irgendeinem Grund waren weder Christa noch Conny in Gefängniskleidung gesteckt worden. Da standen sie nun in diesem riesigen Schlafsaal in ihren langen, teuren Abendkleidern, schön geschminkt und frisiert! Christa rutschte das Herz in die Hose. Sie hatte einige Geschichten von Vergewaltigungen im Knast gehört. Conny zitterte vor Angst.

Weiter hinten im Saal entdeckte sie eine Reihe schäbiger Toiletten mit Holztüren, die nach oben und unten offen waren. Da entsann sie sich einer Vision, die sich in diesem Gefängnis bewahrheitete. Es war ihre erste Reise in Cesars Heimat Peru. Er wollte ihr die inkaischen Tempel in der Nähe von Lima zeigen. Sie hatten einen Halt gemacht in Pachacamac, einer großen Tempelanlage, die auf dem Weg nach Machu Picchu von den Pilgern benutzt wurde, um einige Tage dort zu rasten und sich zu reinigen, spirituell wie auch körperlich.

Im Kloster erhielten vor langer Zeit die Ñustas, die Sonnenprinzessinnen der Inkas, ihre ersten Ausbildungen, um danach weiter zum großen Sonnengott der Inka, dem Inti-Raymi, geführt zu werden. Der Inti-Raymi wird mit einem großen Fest jährlich gefeiert. Sowohl die Rituale als auch die Ñustas verschwanden vor langer Zeit.

Ganz oben im Kloster, abseits vom Haupttempel, gibt es eine ganze Reihe von Steinblöcken, die aussehen wie Sitze. Sie setzte sich in einen dieser Sitze und entspannte sich. Da erhob sich eine rote Geisterschlange und schob sich vor ihr geistiges Auge. In der Vision wurde ihr übermittelt, dass ihr Mann sie in ein Gefängnis stecken würde, wo die Toilettenhäuschen genau diese Form haben würden. Diese Vision schien zu verrückt, um wahr zu sein. Dass ihr Mann sie ins Gefängnis stecken würde, war für sie damals unvorstellbar. Die rote Schlange schlich davon.

Und nun fand sie sich in diesem Frauenknast wieder. Dieses Kapitel in ihrem Leben schien vorbestimmt zu sein. Sie musste sich ernsthaft mit der Frage auseinandersetzen, ob möglicherweise das ganze Leben vorbestimmt war.

Plötzlich schreckte sie auf. Jemand brüllte in ihre Richtung. Es war ein Befehl. Bitterkeit legte sich über ihr fröhliches Gemüt. „Soso, hier bin ich also. Es musste anscheinend so kommen", dachte sie. Es war der Befehl, sich ein Bett auszusuchen und schlafen zu gehen. Ihr Weg führte an Gefangenen vorbei, die sie mit giftigen Blicken taxierten. Einige starrten gierig auf Christas Ringe. Eine Frau warnte sie, dass jemand diese Nacht versuchen würde, ihr die Finger abzuschneiden, um die Diamanten zu stehlen.

Christa lachte und entgegnete, sie und Conny seien geschützt. Ein Etagenbett war noch frei. Conny wählte das obere Bett. Wenigstens konnten sie auf diese Art zusammenbleiben.

„Ich werde kein Auge zutun", wimmerte Conny. „Keine Sorge, ich kümmere mich darum. Niemand wird dir ein Haar krümmen, das verspreche ich dir. Es tut mir so leid. Ich kann nichts dafür, dass wir hier gelandet sind. Aber ich bin trotzdem schuld, weil ich mit einem Arschloch verheiratet war." Die Matratze war hart und muffig. Sie bat die Spirits um Beistand und machte einen riesigen, goldenen Schutzkreis um ihr Etagenbett herum und schlief friedlich ein.

Am Morgen wurden sie von einem kleinen Tumult geweckt. Einige Frauen hatten in der Nacht versucht, an ihre Betten heranzukommen und waren wundersamer Weise davon abgehalten worden. Irgendetwas hatte sie gehindert. Niemandem war es gelungen, den Schutzkreis zu durchbrechen. Wie war so etwas möglich? Wer waren diese neuen Frauen wirklich?

Eine Gruppe von Gefangenen scharte sich um ihr Etagenbett, und sie begannen Fragen zu stellen. Christa erklärte, dass sie seit Jahren meditierte und spirituell arbeitete. Für die meisten Insassinnen waren diese Themen etwas völlig Neues und ihre Wissbegier war unersättlich. Schließlich gab sie den Frauen Meditationskurse und lehrte sie das schamanische Reisen. Die Frauen waren begeistert, und viele legten großen Wert auf ihren Rat.

Abschied von den USA

Die Anklage lautete auf Drogenhandel. Der einzige Beweis war das Kokain-Brieflein, das der Alpha-Schnauz in ihr Auto geschmuggelt hatte. Der Richter war hart und verurteilte sie beide zu einer mehrjährigen Gefängnisstrafe auf Bewährung.

Gegen eine Kaution von hunderttausend Dollar wären sie freigekommen, hätten das Land aber nicht verlassen dürfen. Sie hatten keine Ahnung, woher sie das Geld hätten nehmen sollen.

Christa nahm sich einen Anwalt und erzählte, was vorgefallen war. Sie ließ nichts aus. Dass ihr Exmann Cesar Beziehungen zur peruanischen Drogenmafia hatte, dass er alles geplant hatte, um ihr ihre Tochter wegzunehmen, und dass der Richter vermutlich auch bezahlt war.

Der hagere Mann hörte geduldig zu und spielte mit einem in den Achtzigerjahren beliebten Schreibtischspielzeug. Fünf Kugeln, die nebeneinander an Fäden herabhingen, wurden zum Schwingen gebracht. Nahm man die äußerste und ließ sie los, stieß sie die übrigen vier Kugeln an, wobei nur die äußerste am anderen Ende die Bewegung der ersten nachahmte.

Als sie den Richter der Korruption verdächtigte, hielt der Anwalt die Kugeln an. „Was Sie da sagen, sind schwerste Anschuldigungen, wir brauchen Beweise. Da Sie keine haben, bleiben wir bei dem, was wir in der Hand haben, nämlich gar nichts."

„Wir müssen hier einfach raus. Ich muss zu meinem Kind. Wir haben genug durchgemacht und wollen einfach nur raus", schluchzte sie. In der einen Hand hielt sie ihren Personalausweis und in der anderen ihre Kreditkarten.

Ein paar Tage später fiel ihr beim Geschirrspülen urplötzlich ein, dass ihre goldenen und diamantenen Kreditkarten eine Bail-Insurance hatten, die für solche Fälle gedacht war.

Einige Telefonate und einen halben Nervenzusammenbruch später kam das Geld für die Kaution. Endlich konnten sie raus aus dem Gefängnis.

Mit einem weinenden und einem lachenden Auge verließen sie das Gefängnis. Für viele Frauen war Christa ein Vorbild geworden. Die täglichen spirituellen Unterweisungen hatten ihnen großen Halt gegeben.

Anna, eine Insassin, die ihr Kind getötet hatte, schenkte ihr zum Abschied einen kleinen Froschkönig aus Jade. „Damit du endlich einen anständigen Mann kennenlernst. Küss ihn und vor allem: Vergiss uns nicht!", sagte sie.

Gerührt nahm sie das Geschenk an und bat den Big Spirit, seine Hand über diese Frauen zu halten.

Als Erstes holten sie Ñusta bei ihrer Schwester Eva ab. Auch ihr Haus war von der Polizei durchsucht worden, und man hatte nichts gefunden.

Zusammen mit Ñusta verließen sie sofort den Bundesstaat. Seitdem hat sie nie wieder einen Fuß auf kalifornischen Boden gesetzt. Die Sache sprach sich herum und löste einen riesigen Familienkrach aus.

Einige Jahre später klingelte Christas Telefon. Ihr damaliger Rechtsanwalt war am anderen Ende. Er teilte ihr mit, dass in Beverly Hills ein großer Kokain-Ring geplatzt sei. An diesem Ring waren sowohl einige Polizisten als auch der Richter, der Conny und Christa verurteilt hatte, beteiligt.

Dennoch blieben die beiden Frauen in Kalifornien aktenkundig. Es war klar, dass der Fall nie mehr aufgerollt und bereinigt würde.

Diese Episode war insofern wichtig für Christas Entwicklung, als dass sie verstanden hatte, wie viel Einfluss sie selbst auf ihr Leben hatte. Die wichtigen Stationen im Leben sind vorbestimmt. Doch man kann das Beste aus seinem Schicksal machen: Im Gefängnis war sie mit Menschen in Berührung gekommen, die sie im Normalfall gemieden hätte. Sie lernte sie kennen und lieben und gab ihnen etwas, was sie draußen nie gefunden hätten: Meditation.

Sie bekam noch lange Zeit Briefe von Insassinnen, die sich bedankten oder sie um Rat fragten. Ihre Situation hatte sich enorm verbessert, und die Meditationsgruppe blieb bestehen.

Das bestätigte ihr, dass aus etwas Schlechtem immer etwas Gutes wächst, egal, wie hart und undurchsichtig einem die augenblickliche Situation auch erscheint.

Der Beverly-Hills-Coup war Christas Exmann zwar nicht ganz gelungen, aber er hielt sie noch jahrelang in Angst und Schrecken mit seinen Kidnapping-Versuchen. In Ibiza vergiftete er ihre Wachhunde und die Wachgänse in Gstaad. Mit Drogen kaufte er Christas Freunde, damit sie Kokain in ihr Auto schmuggelten. Um sicher zu gehen, fuhr Christa vor jeder Ausreise zur Polizei, um ihr Auto nach Drogen durchsuchen zu lassen. Eine furchtbare Zeit war das.

Kloster, Wein und Wasser

Kaffeeduft liegt in der Luft und in Christas Küche herrscht Hochbetrieb. Sie und eine ihrer Schülerinnen schneiden Gemüse. Ein Mysteryschool-Tag ist geschafft. Morgen geht es weiter. Thema dieses Wochenendes ist der Buddhismus. Ein befreundeter tibetischer Mönch vom Kloster Rikon hielt ein Teaching über den Buddhismus. Weil die Gruppe an diesem Wochenende wegen einer Grippewelle geschrumpft war, fand die Schulung in Christas Wohnung statt. Christa serviert dem Mönch Naturreis mit Gemüse, die Gruppe fastet.

Zwei Stunden später ist nur noch Anna da. Sie sitzt im Wohnzimmer, neben ihr steht eine Tasche voller Fotos von Christa. Ein Stapel davon liegt auf dem Tisch. Anna betrachtet die Bilder, staunt und stellt Fragen. Christa ist vor zwei Tagen von den Philippinen zurückgekehrt, wo ein heftiger Taifun Tausende das Leben gekostet hat. Dort, wo sie sich aufgehalten hatte, waren die Schäden weniger schlimm. Als ein Foto aus ihrer Zeit in Miami auftaucht, erinnert Christa sich an einen anderen Hurrikan, den sie hautnah erlebt hat.

„Der Hurrikan Andrew 1992 in Miami war ungeheuerlich. Ich war mit meiner Tochter und Eva im Hotel meiner Freundin Stella. Ihr ge-

hörte das älteste und billigste Hotel mitten am Miami Beach. Die Gäste waren überwiegend Langzeitgäste.

Vom Hurrikan war überhaupt nichts zu spüren, doch der Beach war evakuiert worden, und die letzten Touristen mussten das Gebiet verlassen. Wir ignorierten die Warnungen und waren überzeugt, dass die Sorge übertrieben war. Ich fuhr mit Ñusta in den Supermarkt, um zur Sicherheit ein paar Kanister Wasser zu kaufen, damit wir genug zu trinken hatten. Aber ich fand nur leere Regale vor. Die Amerikaner erwarten immer das Schlimmste und machen aus jeder Maus einen Elefanten! Sie hatten ordentlich eingekauft und nichts zurückgelassen. Das Einzige, was ich fand, war Weißwein. Also gut, dachte ich. Besser Weißwein trinken als verdursten. Ich hatte mal wieder das Nützliche mit dem Angenehmen verbunden.

Als wir zurückfuhren, waren die Straßen abgesperrt. Die Polizisten ließen niemanden mehr rein, nur noch raus. Aber wohin konnten wir gehen? Stella sagte: ‚Kommt mit.' Wir brachten die Leute mit Sack und Pack in Stellas Villa in Coral Gables unter. Stellas hübscher Bruder war gerade aus Los Angeles angekommen.

Wir tranken, kifften, tranken und kifften. Dann wurde ich müde. Bevor ich einschlief, hüllte ich das Haus zum Schutz in weißes Licht. Am nächsten Morgen stand ich auf, sah mich um und fühlte mich weder tot noch lebendig. Der heftige Sturm der letzten Nacht schien unwirklich.

Nun war es mucksmäuschenstill und dunkel. Ich riss die Holzverriegelungen von den Fenstern und Türen und ging nach draußen. Sämtliche Häuser in der Umgebung waren zerstört. Im obersten Stock irgendeiner Villa hing ein Segelboot. Es war ein grauenhafter Anblick. Stromleitungen lagen bloß. Die Straßen waren kaum zu erkennen. Überall Schlamm und Dreck. Mehrere Jachten steckten in irgendwelchen Häusern. Die Bilder von der Verwüstung, die Hurrikan Andrew hinterließ, gingen um die Welt.

Plötzlich ergriff mich Panik. Was war mit den anderen? Waren sie am Leben? Zurück im Haus fand ich sie in meinem Bett vor. Nachdem ich eingeschlafen war, waren sie einer nach dem anderen zu mir ins Bett gekrochen. Ich hatte so tief geschlafen, dass ich sie überhaupt nicht *bemerkte. Nun lagen sie da, friedlich und zusammengekuschelt, und schliefen fest. Ich rüttelte an einem Arm. ‚Lebt ihr oder seid ihr tot?‘ – ‚Keine Ahnung. Was ist mit dir?‘*

Das Schlimmste hatten wir mehr als gut überstanden. Der Schock über die Vernichtung um uns herum saß tief. Nach und nach kamen andere Leute aus ihren Häusern gekrochen und begannen, die Straßen zu räumen. Wir hatten sicher eine Woche weder Strom noch Wasser. Nur Wein hatten wir, von dem außer den Fässern nichts übrig geblieben war. Um Wasser zu bekommen, musste man beim städtischen Wasserwerk anstehen. Dort füllten wir unsere Weinfässer mit Trinkwasser. So habe ich sozusagen Wein in Wasser verwandelt. Und das Beste war: Stellas Villa hatte keinen Kratzer abbekommen. Nur ein kleines Fenster im obersten Stock war eingedrückt. Freiwillige aus den ganzen USA waren zur Hilfe gekommen. Die Aufräumarbeiten nach dieser Naturkatastrophe dauerten ein halbes Jahr.“

Als Anna nach der Scheidung von Cesar fragt, verdunkelt sich Christas Blick für einen Augenblick. „Die Scheidung war ein Klacks gegen das, was noch kommen sollte. Herrgott, das waren absolut crazy Zeiten! Nach dem Knast in Beverly Hills ging ich zurück in die langweilige Schweiz. Ich brauchte die einschläfernde Ruhe der Schweiz. Meine Abenteuer- und Reiselust war erloschen.

Ich arrangierte mich mit der langweiligen Situation in Gstaad. Zwei Jahre später kam die Entführung durch die Außerirdischen, in der sie mir deutlich machten, dass mein Leben unweigerlich in den Drogentod führen würde, wenn ich nicht die Notbremse zog. Das war 1987.

Mir war ein Licht aufgegangen. Ich wollte endlich ein normales Leben führen, also packte ich meine Sachen zusammen und stellte das, was ich nicht brauchte, auf die Straße, und flog in die Rocky Mountains. Dort trat ich ins Kloster der I-am-that-I-am-Bewegung ein.

Elizabeth Clare Prophet war damals sehr populär, und ich hatte riesiges Glück, im Kloster aufgenommen zu werden. Ich blieb eine lange Zeit dort. Lange, keusche Kleider trug ich und stand jeden Mittag in der Schlange zum Mittagessen. Diese Szene hatten mir die Aliens gezeigt! Was für ein Déjà-vu!

Nach und nach kam ich zu mir, gewann Abstand von meiner Vergangenheit und orientierte mich neu. Mein altes Leben, das mich in Extreme tauchte, die mir nicht mehr guttaten, hatte ich losgelassen. Ich dachte viel nach: über die Scheidung, meine Tochter Ñusta und über mich selbst. Wie sollte es mit uns weitergehen?

Die Lehre von Elizabeth Clare Prophet basiert auf dem Christus-Bewusstsein und ist besonders verbunden mit dem aufgestiegenen Meister Saint Germain. Noch heute singe ich die Mantras, die ich dort gelernt habe, vor mich hin oder spreche sie laut. Erzengel Michael rufe ich immer an, bevor ich eine Reise antrete.

Im I-am-that-I-am-Kloster hatte ich keine Drogenrückfälle. Nach dem Aufenthalt in den Rocky Mountains versuchte ich mein Haus auf Ibiza zu verkaufen und ging zurück in die Schweiz.

Meine Tochter hatte mir in dieser Zeit enorm gefehlt. In der Schweiz aber, wo mehr als nur Honig und Milch fließen, findest du an jeder Ecke Drogen. Es dauerte nicht lange, und ich wurde wieder schwach. Mein Vater spürte, dass ich wieder ins Loch gefallen war.

Dann besuchte uns einer seiner engen Freunde, der buddhistische Mönch Bhikkhu Sumedha. Er war der Ansicht, dass ich dringend ins Kloster nach Sri Lanka gehen müsse. Eine Bedingung war, dass ich meine Tochter in der Schweiz zurückließ, was mir unmöglich gewesen wäre, hätte Ñusta mir nicht dabei geholfen.

Ich hatte die schmerzvolle Aufgabe, Ñusta meinen Weggang beizubringen. Eines Abends saßen wir vor dem Kaminfeuer in unserem Haus in Gstaad. Unter Tränen erklärte ich ihr, dass ich für eine lange Zeit ins Kloster gehen müsse.

Nusta schien überhaupt nicht überrascht und sagte: „Mami, das ist nicht so schlimm, das muss so sein. Weißt du eigentlich, wie ich dich ausgesucht habe? Wir waren viele kleine Engel und schwebten auf Wölkchen am Himmel herum. Da kam der Oberengel und rief aufgeregt: ‚Wir brauchen ein Kind für Mami Christa.‘ Die Engelchen drängelten sich vor und wollten unbedingt zu dir. ‚So geht das nicht‘, sagte der große Engel. ‚Wir brauchen nur ein Kind, also müssen wir Lose ziehen.‘ Er brachte einen großen Korb voller Lose. Dann zog jeder Engel der

Reihe nach ein kleines Los – und meine Nummer gewann! Die andern Seelen waren sehr eifersüchtig, als sie sahen, dass ich gehen durfte, und versprachen mir, sie würden uns besuchen kommen, weil sie ja deine Kinder werden wollten."

Da ist wirklich etwas dran. Ich habe immer eine Menge Kinder um mich herum. Mir fiel ein Stein vom Herzen. So konnte ich die Trennung annehmen. Wenn dir deine kleine Tochter eine solche Offenbarung macht, nimmt es sehr viele Schuldgefühle weg und macht es ein klein wenig erträglicher!

Weil ich im Kloster war, blieb Ñusta bei meinen Eltern, die in einem kleinen, bürgerlichen Schweizer Städtchen lebten. Das war etwas ganz Neues für sie. Wir haben uns in dieser Zeit enorm vermisst, und wäre Ñusta nicht gewesen, hätte ich keinen Grund gehabt, das Klosterleben aufzugeben.

Nach neun Monaten durfte ich das Kloster verlassen. Als ich in der Schweiz ankam, blieb ich zunächst eine Weile allein, um meine meditative und friedvolle Lebensart in den Alltag zu integrieren. Bald nahm ich Ñusta zu mir. Wir zogen nach Männedorf am Zürichsee. Hier lernte ich Tom kennen, einen durchtriebenen, jähzornigen Architekten.

Meine Eltern waren von ihm begeistert. Er war ganz anders als meine früheren Männer. Er war weder Musiker noch Künstler. Sie dachten, eine Beziehung mit einem Schweizer Architekten wäre das Beste für mich.

Doch als ich ihn meiner Tochter vorstellte, spuckte sie ihm ins Gesicht. So etwas hatte sie noch nie gemacht. Erst später war mir alles klar. Kinder sehen mehr als wir. Leider ignorierte ich die Warnung. Tom sollte mir das Rückgrat brechen. Aber du kennst mich ja: Ich stehe immer auf. Auch mit gebrochenen Knochen."

Nustas 10. Geburtstag in Santo Domingo.

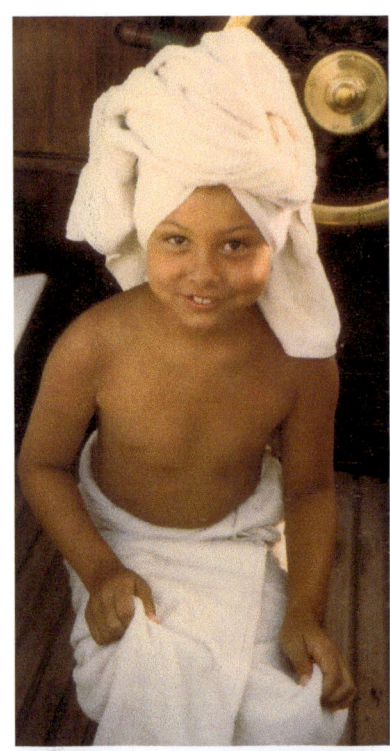

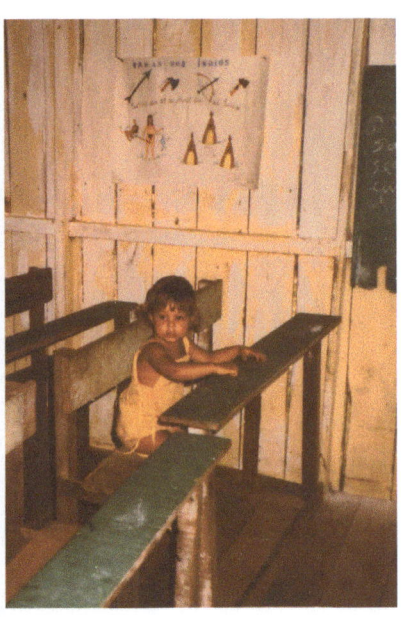

Nusta in Peru.

Falle in der Dominikanischen Republik

Christa hielt es nicht lange in der Schweiz aus. Nach einem halben Jahr wurde sie nervös. Es war Zeit für etwas Neues. Wieder einmal hatte sie das Fernweh gepackt. Die rote Schlange war ihr mehrere Male erschienen, bis die Vision vollständig war. Der kleine Ort Sosua in Santo Domingo sollte ihr nächstes Ziel sein. Dort würde sie Mode machen.

Tom war Feuer und Flamme von dieser Idee und blühte regelrecht auf. Er entwarf eine Boutique ganz nach Christas Vorstellungen. Ein Container mit Kleidern war unterwegs nach Santo Domingo.

Abgesehen von einer regelrechten Planungssucht, angetrieben von Gier, war er jedoch eine Niete und der schlimmste Stiefvater, den man sich vorstellen konnte.

Wenige Wochen vor ihrer Übersiedlung nach Santo Domingo erwischte Christa ihn im Kinderzimmer bei ihrer Tochter. Irgendetwas war nicht in Ordnung. Als Christa Fragen stellte, schlug er sie windelweich. Am nächsten Tag floh sie mit Ñusta ins Frauenhaus. Tom beschwor sie, zurückzukommen. Sie gab nach, weil sie ihn als Architekten brauchte.

Dass die Sterne schief am Himmel hingen, wurde ihr von ihrer Nonne aus Sri Lanka zusätzlich bestätigt. Christa hatte sie um Rat gebeten. Die Antwort war eindeutig: „Hol den Container zurück, das kostet dich höchstens ein paar Tausend Dollar. Ansonsten wirst du alles verlieren."

Um jeden Preis hielt Christa jedoch an ihrem Traum von der Karibik fest und behielt ihre Pläne bei. Tom war für Christa gestorben. Sie hatte sich innerlich von ihm verabschiedet und vertraute darauf, dass sich eine Lösung finden würde. Ihn loszuwerden, war nur noch eine Frage der Zeit und der passenden Umstände.

Die erste Zeit in Sosua war genau so, wie sie es sich vorgestellt hatte. Christa mietete mit Ñusta ein wunderschönes Haus mit

Swimmingpool am Meer direkt über den Klippen. Die Gegend war sehr abgelegen, und im Garten konnten sie sogar eigene Pferde halten.

Hier stimmte einfach alles. Die Ruhe, die Natur, das Essen. Christa war zuversichtlich. Ihre Nachbarn, Ruth, eine schöne, blonde Frankokanadierin, und ihr Bruder Noël, ein attraktiver und hoch spiritueller Mann, waren bald gute Freunde und brachten mit ihrer unbeschwerten Art viel Freude in ihr Leben. Sie hatten die einzige Bäckerei im Dorf und machten enorm leckere Brötchen, fürstlich dekorierte Geburtstagstorten und sonstige süße Sünden im europäisch-kanadischen Stil.

Sowohl Ruth als auch Noël waren herzliche und inspirierende Persönlichkeiten. Ruth machte nebenbei Energiearbeit mit Reiki. Ihr kleiner Sohn Theo besuchte zusammen mit Ñusta die American School. Ein amerikanischer Tierarzt führte die Schule zusammen mit seiner Frau inmitten der Natur im Montessori-Stil. Auch sie wurden bald gute Freunde.

Ñustas großes Interesse an Tieren machte auch vor der Tiermedizin nicht Halt. Sie war ganz stolz darauf, dass sie dem Tierarzt einige Male bei Operationen „assistieren" durfte. Mit den eigenen Pferden war für Ñusta zudem ein Herzenswunsch in Erfüllung gegangen. Sie ritt den ganzen Tag, sogar in die Schule. Bald fand auch eine herrenlose Hundedame mit ihrem Welpen den Weg zu ihnen.

Das Beste war, dass Ñusta ihre Mutter endlich ganz für sich hatte. Sie war es von klein auf gewohnt, mit ihrer Mutter und einer Nanny in der Welt herumzureisen. Umso schwerer war für beide die einjährige Trennung gewesen, als Christa in Sri Lanka Adeptin der Priesterin Ayya Nianasiri war. Das hatte einige Wunden in Ñustas kleine Seele geschlagen.

Wie zu erwarten war, hatte Tom sofort ein Karibik-Girl kennengelernt und zog mit ihr zusammen. Nach einigen heftigen Diskussionen hatte sich auch die Geschäftssituation geklärt. Sie blieben weiterhin Partner im Modebusiness. Christas Arbeit als

Designerin und Geschäftsführerin wurde vor der Gewinnausschüttung bezahlt. Die entsprechenden Verträge wurden mit einem Anwalt in der Hauptstadt Santo Domingo abgeschlossen.

Die Boutique war ein voller Erfolg. Christa hatte den ersten und einzigen Laden in dem kleinen, aufstrebenden Badeort. Die gelangweilten Touristen kamen in Scharen. Neue Hotel-Ghettos hatten die Idylle bereits leicht angekratzt, aber abgesehen davon war Sosua noch ein winzig kleines Dorf mit einer einzigen Bar, einigen Restaurants und einer kleinen, staubigen Dorfstraße. Außer Motorrädern gab es in Sosua wenig Transportmittel. Gemüse wurde morgens immer noch mit Pferd und Wagen an die Marktstände ausgeliefert. Heute gab es Tomaten, morgen Karotten, und übermorgen, wenn man Glück hatte, lagen frische, knackige Palmenherzen auf dem Teller.

Neben den üblichen Touristen kamen die verwöhnten Präsidentengattinnen und sonstige reiche Leute von den umliegenden Inseln, die Christa und ihren Laden zum Teil von Gstaad und Beverly Hills her kannten. Sie waren froh, einen guten Laden mit exklusiven europäischen Kleidern in der Nähe zu haben, und kauften mit der entsprechenden Begeisterung ein. Auch die einheimischen Prostituierten, die „Putas", kauften bei Christa ein und ließen ihre Freier zahlen, die sie mitgenommen hatten.

In Sosua eine gute Verkäuferin zu finden, war eine große Herausforderung. Nach einigen erfolglosen Versuchen mit weißen Mädchen tauchte eines Tages Elizabeth im Laden auf. Sie war wie ein rettender Engel, grundehrlich, und sprach sogar ein paar Brocken Englisch. Langsam pendelte sich das Leben ein, und Christa glaubte fest an eine schöne Zukunft in der Karibik.

Seelenfutter war das Einzige, was sie in der Karibik vermisste. Deshalb flog sie mindestens alle zwei Monate nach Miami. Sie brauchte jede Art von intellektueller, positiver Stimulation und fand sie in Buchhandlungen, Eso-Shops, Kunstgalerien, Musikclubs und Meditationsworkshops. Eifrig klapperte sie die Health Food Stores ab und besuchte Vorträge über die neuesten pflanzlichen Heilmittel. Pflanzen übten eine große Faszination auf sie aus. In ihrer Jugend hatte sie jedes Jahr mehrere Monate bei den Indios im Amazonasgebiet verbracht, wo sie sich einen beträchtlichen Teil ihres heutigen Wissens aneignen konnte. Viele der Kräuter, Rinden, Blumen und Wurzeln waren ihr deshalb schon bekannt. Die neusten Erkenntnisse aus verschiedensten Untersuchungen bestätigten ihr unerschütterliches Vertrauen in die Heilwirkung der Pflanzen.

Mit neuem Wissen und Denkanstößen im Gepäck kam sie von ihrem kleinen Bildungsurlaub in die Dominikanische Republik zurück und konnte wieder eine Zeit lang von diesem vergnüglichen und lehrreichen Ausflug zehren.

Während Christa ihren wahr gewordenen Traum genoss, bastelte Tom, der Planer, an einer Falle, die in wenigen Monaten zuschnappen sollte.

Finanziell hatte sie die ersten Hürden gerade überwunden und war im grünen Bereich angekommen – und Weihnachten stand vor der Tür.

Weil sie das ganze Jahr hindurch Erfolg hatte, investierte sie jeden Cent in Stoffe, Schneider und Nähateliers und stellte eine traumhafte, aber bezahlbare Kollektion her. Die Stücke waren perfekt geeignet für heiße Weihnachten unter den Palmen. Gleichzeitig wurde eine sehr gute Saison erwartet, weil sämtliche Hotels ausgebucht waren.

Als lockerer bis leichtsinniger Doppel-Wassermann machte Christa sich gar keine Gedanken darüber, dass sie zu jener Zeit überhaupt kein bares Geld besaß. Das würde schon kommen, und zwar nicht zu knapp. Schließlich hatte sie ihr Bestes gegeben.

So kam es auch. Der Laden war voll, und das Lager platzte aus allen Nähten. Christa war bereit für den Ansturm der Fashion-Liebhaberinnen. Aber sie hatte die Rechnung ohne Tom, den Planer, gemacht!

Die Verkäufe liefen erwartungsgemäß blendend, und langsam konnten Kredite und offene Rechnungen abgezahlt werden. Das

84

alles musste gefeiert werden. Christa lud ihre Freunde aus aller Welt ein, um den Jahreswechsel 1989/90 zusammen mit ihrer Tochter und ihren besten Freunden in der Karibik zu verbringen.

Und von irgendwoher tauchte dann auf der Feier ein bisschen Kokain auf. Zwei Jahre lang hatte sie nichts angerührt und nichts vermisst. Im Gegenteil, sie konnte sich nicht vorstellen, dass sie diese grausame Droge jemals gebraucht hatte.

Im Kloster hatte sie dem Universum das Versprechen abgegeben, dass sie nie mehr Kokain anrühren würde, wenn sich nur ihr Wunsch nach einem Leben in der Karibik oder in Hawaii erfüllen würde. Das hatte sie nun bekommen und war sehr glücklich.

Doch die kleinen Teufelchen schlafen nie und schleichen sich immer irgendwie herein. Und das Kokain gehört schließlich fast schon zum karibischen Rum – eine gelungene Überraschung für den Weihnachtsabend war das.

Christa gab sich selbst grünes Licht: „Nun, vielleicht eine kleine Linie, das macht doch nichts. Das Universum und die Spirits werden das sicher verstehen. Heute ist schließlich Weihnachten. Bla, bla, bla …"

Selbstverständlich blieb es nicht bei dieser einen Linie, und sie hatten einen besonders vergnüglichen und unterhaltsamen Party-Weihnachtsabend mit viel „Merengue" – genau so, wie es sein sollte.

An Neujahr lag das Kokain wieder da. „Nun, vielleicht noch mal für Neujahr, und dann ist aber Schluss." Sie fand zwar keinen Gefallen mehr daran, aber als Partydroge und zum Abbauen von Alkohol erfüllte es seinen Zweck.

Im neuen Jahr ging Christa wieder ihrer Arbeit nach. Ihre Freunde waren einer nach dem anderen abgereist. Ñusta musste wieder zur Schule, und Christa war von morgens bis abends im Laden und badete weiter im Erfolg. Immer nach Geschäftsschluss stand Tom im Laden, um mit ihr die Abrechnung zu machen. Er war über ihre Finanzen genau im Bilde.

Dann kam der verhängnisvolle 7. Januar. Völlig unerwartet tauchte Tom tagsüber im Laden auf und warf Christa vor, sie würde ihn betrügen. Ñusta war gerade von der Schule gekommen und machte im Laden ihre Hausaufgaben. Sie hatte einiges zu meistern: Englisch und Spanisch und noch den allgemeinen Schulstoff. Die Schule machte ihr viel Freude, und Sprachen kannte sie von den Sommern auf Ibiza und Aufenthalten in Amerika.

Prompt war ein großer Streit entbrannt. Tom war ein großer, kräftiger Mann und hatte früher viel Sport getrieben. Wie üblich holte er mit der Faust aus, um Christa zu schlagen, aber dieses Mal wehrte sie sich und schlug zurück, worauf Ñusta sich an Tommys Arm hängte. Er schüttelte sie ab. Sie wirbelte durch die Luft und landete mit einem hässlichen Knall auf dem harten Marmorboden. Nun stürzte Christa sich auf ihn und schrie: „Wie wagst du es, meine Tochter anzurühren?"

Er aber schlug sie mit solch einer Macht zurück, dass auch sie stürzte und genau auf Ñusta landete. Die Kleine schrie und weinte, ob vor Schmerz oder Horror, war unklar – vermutlich beides.

Tom prügelte weiter auf sie ein, bis ein paar Burschen von der benachbarten Bar vom Geschrei alarmiert herbeieilten und ihm ein Messer an die Kehle hielten. Im nächsten Augenblick war Tom verschwunden.

Eng umschlungen kauerten Mutter und Tochter auf dem Boden. Christa versuchte, Ñusta zu beruhigen, was ihr nicht gelang, weil sie selbst von Weinkrämpfen geschüttelt wurde. Eine unheimliche Wut stieg in ihr hoch. „Dieser Saukerl!", dachte sie. „Was glaubt er eigentlich? Und: Was kommt als Nächstes?" Etwas Ungutes hatte seinen Anfang genommen. Im Grunde hatte sie es schon in der Schweiz gewusst und war davon ausgegangen, dass dieses Ungeheuer in der Karibik anderen Geschäften nachgehen und von ihr ablassen würde.

In der Zwischenzeit war auch die Polizei eingetroffen und nahm den Vorfall zu Protokoll. Ñusta konnte nicht mehr stehen und hatte schreckliche Schmerzen im Knie. „Mami, es tut irrsinnig weh!", schluchzte sie.

Eine Polizistin sah sie voller Mitleid an und riet ihnen, sofort einen Arzt aufzusuchen und das Bein röntgen zu lassen. Beim Arzt mussten sie zwei Stunden warten, bis sie drankamen. Dabei konnte man noch von Glück reden. Die Wartezeit hätte viel länger dauern können.

Die Untersuchung bestätigte den ersten Verdacht des Arztes. Beim Sturz auf den harten Boden war ein Knochenstück im Knie abgesplittert. Das Bein musste sofort geschient und gegipst werden.

„Dieser dreckige Mistkerl!", dachte Christa. Sie war außer sich vor Zorn, versuchte sich aber nichts anmerken zu lassen, um das Kind nicht unnötig aufzuregen. Sie wollte eine gute Mutter sein. Aber sie fühlte sich wie eine Versagerin.

Sie ließ Ñusta keine Sekunde aus den Augen und hielt ihre Hand, während das Bein eingegipst wurde.

„Wir müssen jetzt ganz gut aufpassen und zusammenhalten, dann schaffen wir es, Tom loszuwerden. Du passt auf mich auf und ich auf dich, einverstanden?" – „Ja sicher, Mami. Lass uns die Pferde satteln und wegreiten, wie findest du das? Ist doch eine super Idee." – „Ich weiß, mein Schatz. Das ist eine sehr gute Idee. Und dann nehmen wir den ersten Flieger in die Schweiz."

Ñusta begann zu weinen. „Und was wird aus unseren Tieren? Wer passt auf sie auf? Ich will hier bleiben, bei den Tieren, Mami." – „Ich glaube, das wird schwierig. Aber wir versuchen es, okay?" – „Okay. Sonst gehen wir zum Großpapi. Er hat zwar keine Tiere, aber das macht nichts. Hauptsache wir haben keinen Streit im Haus."

Sie verließen das Krankenhaus. Ñusta musste sich an den Gips gewöhnen. Wenigstens hatte sie keine Schmerzen mehr. Sie nahmen ein Taxi. Ñusta lag auf dem Rücksitz und streckte ihr frisch eingegipstes Knie von sich. Auf dem Polizeiposten zeigte Christa Tom an. Noch am selben Abend wurde seine Wohnung von der Polizei aufgesucht, aber es war niemand zu Hause.

Am folgenden Tag tauchte Tom ungefähr zur selben Zeit wie am Vortag erneut in der Boutique auf. Dieselbe Szenerie. Ñusta machte wieder ihre Hausaufgaben. Nur trug sie dieses Mal einen Gipsverband. Tom betrat den Laden in Begleitung eines Anwalts und zweier Polizisten.

Der Mann, der sich als Anwalt vorstellte, sagte: „Señor Thomas braucht Ihre Dienste als Verkäuferin nicht mehr. Sie können gehen." Christa wurde bleich und erstarrte. „Soll das ein Witz sein?" Sie verwies auf ihre Verträge, aber diese Leute waren fest entschlossen, Christa rauszuwerfen. Toms Anwalt zog einen Vertrag aus der Tasche und fragte, wo stehen würde, dass sie Partner waren.

Sie erkannte schnell, dass es sich bei den Dokumenten nicht um die Originalverträge handelte, und sprach von Betrug. Die Männer gaben ihr Zeit, um die Handtasche und Ñustas Schultasche zu packen, dann wurden beide grob aus dem Laden gestoßen. Dass Tom von der örtlichen Polizei gesucht wurde, interessierte diese Männer wenig. Sie sagten, sie seien aus Puerto Plata und hätten nichts mit den Anzeigen in Sosua zu tun, und wenn sie jetzt nicht endlich gehen würden, müssten sie sie mitnehmen. Voller Zorn verließ Christa den Laden. Ñusta zitterte und sagte kein Wort.

Christa wähnte sich in einem falschen Film. Eine bitterböse Tragödie war das – mit dem Titel „Frau mit Kind in der Karibik". Ohne einen einflussreichen Mann lief hier rein gar nichts. Polit-Sugar-Daddy, wo bist du, wenn man dich wirklich braucht?

Christa verfluchte ihren Stolz. Sie hatte so viele Angebote von hohen Funktionären ausgeschlagen, die sie ein wenig „unterstützen" wollten, und hatte über sie gelacht. Jetzt rächte es sich, der Abschaum der Dominikanischen Republik inklusive Tom hatte zugeschlagen. Dieses Land war ein Hort für Mafiosi und Schwerverbrecher, die sich über die Jahrzehnte in der Dominikanischen Republik – vor allem in Sosua – angesiedelt, festgebissen und vollgesaugt hatten.

Zu Hause angekommen, sahen sie, dass die Eingangstür offen stand. Ein großes Durcheinander herrschte, jemand hatte entweder etwas gesucht oder gar etwas liegen gelassen. Ein Tütchen Kokain reichte ja bekanntlich, um eine unliebsame Person zu ruinieren und eine Zeit lang im Knast verschwinden zu lassen.

Die Einbrecher waren vor allem an den Papieren interessiert. Die wichtigsten Bücher, Unterlagen und Adressen fehlten. Auch die Verträge mit Tom waren verschwunden. Christas Anwalt in Santo Domingo musste noch Kopien davon haben. Viel härter traf sie der Verlust von Geschäftsadressen und -unterlagen aus ihrer fast zwanzigjährigen Modekarriere.

Ihr ganzer Körper spannte sich an – sie war unfähig zu denken und voller Zorn und ahnte schon, dass sich eine Anzeige nicht lohnen würde. „Ich halte es nicht aus. Was ist aus meinem ruhigen Leben geworden?"

Das Wichtigste, schoss es durch ihren Kopf, das Allerwichtigste, lag noch im Laden. Ohne ihren Terminkalender war sie verloren. Darin waren auch ihr Pass und die Telefonnummer ihres Anwalts in Santo Domingo. Die Nummer konnte sie problemlos ausfindig machen, aber ein großer Teil der Informationen in dieser „Bibel" war für sie lebenswichtig. Sie musste den Terminkalender haben. Auch hier galt wieder: Koste es, was es wolle. Die Telefonnummern und Adressen ihrer Freunde auf der ganzen Welt, die musste sie haben.

Christa musste darum zurück ins Dorf. Sie erklärte Ruth und Noël die Lage. Sie waren damit einverstanden, dass Ñusta bei ihnen übernachtete. Mit Schrecken stellte sie fest, dass die Polizeistation geschlossen war. Die Einbruchsanzeige musste bis morgen warten. Aber was für Überraschungen würde dieses „Morgen" bringen?

Mittlerweile war es spät geworden, nur noch wenige Leute waren auf der Straße. Das ganze Dorf schien sie mit einem hämischen Grinsen anzustarren und mehr zu wissen als sie. Die Luft war geschwängert mit düsteren Vorahnungen. Sie musste dieses

Büchlein aus dem Laden holen, und dies war der einzig mögliche Weg. Über den Anwalt hätte es Wochen gedauert, und es gab keine Garantie, dass es klappen würde.

Die Grillen zirpten in der Dämmerung, und von irgendwoher kam fröhliche Bachata-Musik. Christa schlich um die Boutique herum und beobachtete von allen Seiten, ob jemand drinnen war. Der Laden schien dunkel und verlassen. Ein brauner Straßenhund überquerte die Straße.

„Was wird aus meinen Hunden?", schoss es ihr durch den Kopf, und Christa fühlte, wie ihre Augen feucht wurden. Die Anspannung war nicht auszuhalten. Dies war das Ende von ihrem Karibik-Traum. Sie hatte sich mit unguten Energien umgeben und zahlte nun die Rechnung. „Ich will verdammt noch mal nur meinen Terminkalender. Dann bin ich weg. Auf Nimmerwiedersehen!"

Sie zog den Schlüssel aus der Handtasche und öffnete die Tür. Da lag ihr Terminkalender – genau vor ihr auf dem Ladentisch. Rasch ergriff sie ihre „Bibel" und hielt inne. In diesem Moment hätte sie die ganze Boutique ausräumen können. Die Szenen, die sich hier abgespielt hatten, waren so brutal, dass der Reiz rasch verging.

Still schloss sie die Tür ab und ging weiter. Die halbe Nacht verbrachte sie in einer Telefonkabine und suchte Telefonnummern von Anwälten. Um diese Zeit zu telefonieren, war eine aussichtslose Sache, aber sie musste irgendetwas tun.

Am nächsten Morgen holte sie Ñusta bei Ruth und Noël ab. Mit dem Taxi klapperten sie sämtliche Anwälte ab, die ihr Anwalt aus Santo Domingo empfohlen hatte. Die meisten von ihnen winkten ab und hatten weder Zeit noch Interesse an ihrem Fall. Solche Storys hörten sie vermutlich nicht zum ersten Mal.

Christa gab nicht auf. Irgendjemand würde ihr helfen. Schließlich erklärte sich ein sehr netter, älterer Anwalt bereit, ihr zu helfen. Mit den Originalverträgen aus Santo Domingo gab es noch eine geringe Chance. Nur ließ sich der Anwalt aus Santo Domingo verdächtig viel Zeit damit, ihr diese Verträge zu schicken.

Etwas beruhigt machten sie sich auf den Rückweg nach Sosua, wo sie als Nächstes eine Strafanzeige gegen die Einbrecher erstatten wollte. Als sie zusammen mit Ñusta die Polizeistation betrat, sah sie als Erstes Tom. Christa begann zu zittern, Panik legte sich wie ein eiserner Ring um sie. Es gab kein Zurück mehr.

Sie zog einen kräftigen Atemzug vom schützenden weißen Licht in ihre Lungen und blieb. „Was machst du denn hier, Christa? Ich dachte, du wärst schon im Knast und deine Göre im Kinderheim."

Außer sich vor Wut schubste Christa Tom mit aller Kraft gegen den Tresen der Polizeiwache. „Sie hat mich angefasst!", jammerte Tom. „Diese Frau ist gefährlich. Sperrt sie doch endlich ein. Wozu habe ich euch sonst bezahlt, ihr Affen!", brüllte er wütend. Es gab eine wilde Schlägerei. Sogar die Polizisten machten mit – die ganze Situation war außer Kontrolle geraten.

Und wer durfte die Nacht im Gefängnis verbringen? Christa. Tom spazierte trotz der Anzeigen, die er am Hals hatte, unbehelligt aus der Polizeistation, während Christa in das schlimmste Gefängnis in Puerto Plata gebracht wurde.

Warum waren die Polizisten so versessen darauf, Christa zu fesseln, und vor allem: Wenn es doch für eine Nacht war, warum nicht hier in Sosua, sondern in Puerto Plata? Ihre Fragen blieben unbeantwortet. Das Einzige, was ihr zustand, war ein Telefonat mit ihrem Anwalt Diego, um ihn über die Lage zu informieren. Seine Sekretärin war am anderen Ende. Es war wie verhext. Jedes Mal, wenn man einen Anwalt brauchte, war er gerade in einer Gerichtsverhandlung.

Wie eine Maus hatte Christa sich in eine Falle locken lassen und saß nun fest. Bei der Einlieferung ins Gefängnis fragten sie, ob sie jemanden habe, der ihr täglich Essen bringt. Trocken antwortete Christa, sie bliebe nur bis morgen, und da würde sie kein Essen brauchen. Verächtliches Lachen: „Bis zur Verhandlung bleibst du erst mal hier, Gringa! Und das kann noch lange dauern."

Da begann Christa zu schreien und zu toben. Sie kämpfte nur noch um ihre Ehre und die Wahrheit. Sie ließ sich von niemandem anfassen, bis ein paar gezielte Schläge sie in die Knie zwangen. Bewusstlos sank sie nieder und wurde in eine Zelle geschleift. Dort schlug sie mit dem Kopf auf einem Treppenabsatz auf, und Blut rann über ihr Gesicht.

„Sie hat mich gewarnt", dachte Christa. Ihre Nonne hatte sie gewarnt. „Aber ich habe schon meine Sachen in der Karibik. Die Container mit Waren, das ist viel Geld!", hatte sie geantwortet. Ayya Nianasiri blieb hart und sagte: „Vergiss das Geld. Du hast alles verloren, bist in die Schweiz gegangen, hast dich gerade erst wieder zusammengerissen, hast meditiert und dich gereinigt, deine Vergangenheit abgestreift und bist frei von Drogen. Vergiss nie dein Gelübde! Lass die Drogen sein, sonst wird dein Traum von der Karibik platzen! Ich sage dir: In der Dominikanischen Republik wirst du noch mehr verlieren. Vergiss die Container. Das, was du dort verlieren wirst, ist unbezahlbar!"

Christa hatte nicht auf sie gehört.

***

Es war ihr immer noch nicht gelungen, die verklebten Augen zu öffnen. „Wie lange habe ich hier gelegen? Warum tut mein ganzer Körper so weh?" Etwas tropfte auf ihre Stirn und rollte über die Wangen.

„Wo bin ich? Lebe ich? Oder ist das der Tod!?"

Sie versuchte die Augen mit der Hand abzutasten. „Autsch!", schrie sie. Also nicht.

Da packte sie eine grauenhafte Panik. „Was, wenn ich blind bin?" Das Augenlicht zu verlieren, war das Schlimmste, was sie sich vorstellen konnte. „Was haben sie mit mir gemacht? Und wo bin ich?" Sie versuchte zu rufen, aber aus ihrer Kehle kam nur ein trockenes Krächzen. „Wasser, bitte!"

Mit den Fingern fuhr sie über die wunden, aufgesprungenen Lippen. Ihr Gesicht war stark geschwollen, aber wirklich weh taten nur ihre Augen. Sie brannten. Wieder und wieder versuchte sie zu blinzeln, um irgendetwas anderes als Dunkelheit zu erhaschen. Sie versuchte sich zu bewegen. Trotz der Schmerzen schien ihr Körper intakt zu sein.

Benommen lag sie auf dem kalten Steinboden. Für einen kurzen Augenblick glaubte sie Nebel zu sehen. Die Dimensionen vermischten sich, und ein grünes Augenpaar sah sie an. Die rote Schlange züngelte und versetzte sie aus der grauenhaften Realität in den angenehmen Dämmerzustand des Schlafes. Ratten waren das Letzte, was sie sah, bevor sie einschlief. Ratten? Oder waren es ihre Schatten? Es war zu dunkel für die Wahrheit.

„Du hasssst es sssooo gewollt, Christa", zischte die Schlange. „Aha, da bist du ja wieder", dachte sie. Schlangen waren ihr zuwider. Aber mit ihrer Geisterschlange musste sie sich wohl oder übel arrangieren.

Auf einmal sah sie ihre Großmutter vor sich. „Aber ich bin doch wach!" – „Nein, Christa. Ich kann dich nur besuchen, wenn du schläfst." Die alte Dame seufzte und setzte sich auf die schmale Pritsche. Christa schämte sich und versuchte ein bisschen Ordnung zu machen in dem kalten, feuchten Raum. „Hör auf damit, Christeli", sagte sie und nahm sie in die Arme. Ihr Körper war nicht zu spüren. Aber sie spürte ein Kribbeln.

„Ich werde jetzt sterben." – „Nein, Grosi, warte. Ich brauche dich jetzt!", antwortete Christa mit Tränen in den Augen.

Der Geist der geliebten Großmutter erklärte: „Ich bin aus einem bestimmten Grund bei dir. Du weißt, du warst schon immer mein Liebling. Ich würde dich nie einfach so verlassen." Christa packte das Verlangen, sie festzuhalten, aber es gelang ihr nicht, weil sie sich selbst in einem ungewöhnlichen Zustand befand. Sie war aus ihrem Körper herausgetreten, ihre Seele schwebte im Raum und beobachtete das Geschehen von oben. Sie sah sich selbst unten auf der Pritsche liegen, mit geschwollenem Gesicht und verklebten Augen. Bei jedem Versuch, die Großmutter zu umarmen, fühlte sie nichts. Das konnte nur einen Grund haben: Ihre Großmutter war bereits tot!

„Kannst du mir einen Gefallen tun?", fragte die alte Dame mit
der süßen, zerbrechlichen Stimme. „Sicher, Grosi!" – „Hol Schreib-
zeug und Papier." Die Großmutter begann, Christa einen Brief zu
diktieren. Christa schrieb mit, so schnell sie konnte. Woher sie
das Papier und den Stift hatte, blieb ein Rätsel. Das meiste, was
die Großmutter sagte, verstand Christa nicht. Der Inhalt war an
Christas Großvater gerichtet, der gerade seine Frau verloren hatte.
Es waren sehr private Dinge, die nur die Eheleute etwas angingen.

Christas Großmutter wollte ihrem Mann, der ihren Tod nicht
fassen konnte, Halt geben für die kommende einsame Zeit und
ihm einen letzten Gruß übermitteln.

Als sie den Brief fertig diktiert hatte, bestand sie darauf, dass
er sofort abgeschickt wurde und versprach, immer über Christa
zu wachen. „Wir hatten nicht genug Zeit miteinander, du und
ich. Ich hätte mein Wissen über die Pflanzenwelt an dich weitergeben müssen, du wirst es eines Tages brauchen. Aber es gibt
andere Wege und Möglichkeiten. Du wirst sehen."

Der Besuch der Großmutter war sehr real. Sie hatten liebevoll
voneinander Abschied genommen – und wussten, dass sie nichts
trennen konnte. Denn was war schon Zeit? Zeit ist irrelevant und
somit nicht existent. Sie manifestiert sich durch Raum. Karmische
Beziehungen können die Dimensionen mühelos überwinden.

✱✱✱

Schlüssel klirrten, Stimmen weckten sie aus einem angenehmen
Dämmerzustand. Jäh kam die Erinnerung zurück: „Ich bin im
Knast! Im Knast von Puerto Plata!" Erstaunlicherweise fand
Christa am nächsten Morgen tatsächlich den Brief ihrer Großmutter neben ihrem Bett. Sie konnte sich nur schwach daran erinnern, dass ihre Großmutter sie besucht hatte, aber den Brief hatte
sie in Trance geschrieben, und die Schrift war fast unleserlich.
Woher sie Stift und Papier hatte, blieb ein Rätsel. Nun mussten
die Abschiedsworte ihren Großvater so schnell wie möglich erreichen. Aber wie?

Ihr Anwalt konnte sie zwar nicht aus dem Gefängnis befreien, aber er ermöglichte zumindest ein paar Telefonate. Als Erstes rief Christa ihre Eltern an. Tatsächlich war die Großmutter in jener Nacht gestorben. Also diktierte sie ihrem Vater den Brief. Er schrieb Wort für Wort auf, und am Ende weinten beide. „Meine Großmutter war eine Heilerin, auch nach ihrem Tod!", ratterte es in Christas Kopf.

Dass sie aus dem Gefängnis anrief, behielt Christa für sich. Wenige Tage später erreichte der Abschiedsbrief schließlich ihren Großvater. Er verstand den Inhalt des tröstenden Schreibens genau, und die lieben Worte entfalteten eine enorm heilende Wirkung auf seine Trauer. Kurze Zeit später folgte er seiner Frau – und starb in Frieden.

Von der Großmutter hörte, träumte oder sah Christa nie wieder etwas. Aber viele hellsichtige Freunde sehen, wie sie über ihre Enkelin wacht. Wenn sie Tinkturen und Salben zubereitet, schaut ihr die Großmutter noch heute über die Schulter und gibt Ratschläge. Das Erlebnis im Gefängnis hatte ihr einmal mehr die verschiedenen Dimensionen gezeigt – und wie real sie sind.

Jede Entscheidung hat Konsequenzen, die sich in unendlich vielen Realitäten manifestieren können. „Wenn ich das hier überlebe, darf ich nie wieder mit Mode, Drogen und Idioten in Kontakt kommen." Weiter konnte sie nicht denken. Die Mächte, mit denen sie sich in der Dominikanischen Republik angelegt hatte, waren zu stark und sehr dunkel. Mit letzter Kraft hüllte Christa sich in das weiße Licht, das sich immer als starker Schutz bewährt hatte.

Endlich brachte ihr jemand Wasser und ein Tuch. Vorsichtig tupfte sie ihr malträtiertes Gesicht mit köstlichem, erfrischendem Wasser ab. Ganz sachte, schön aufpassen mit den Augen. Die Krusten weichten auf und fielen ab. Auch die Schwellungen gingen ein wenig zurück. Mit dem nassen Tuch über dem Gesicht lag sie einfach da – auf dem feuchten, glitschigen, alten Steinboden – und ließ die Lebensenergie des Wassers auf sich wirken. Ihre Tränen vermischten sich mit den Wassertropfen, die vom Tuch abfielen. „Es ist alles eins – und alles ist nichts", murmelte sie benommen.

Die Tage im Gefängnis waren von Schwermut und Dunkelheit geprägt, die sich über fünf Jahrhunderte ins Gemäuer hineingefressen hatten. Das Gebäude hatte viel Leid gesehen.

Viel gab es im Gefängnis nicht zu tun. Den größten Teil des Tages verbrachte Christa in Meditation und im weißen Licht. Zum einen tat es ihr gut, und zum anderen fand sie mit der Lichtmeditation andere, schamanische Wege in die Freiheit. Sie besann sich auf die Lehren ihres peruanischen Onkels und Mentors Don Eduardo Calderon von Trujillo und hielt mit schamanischen Reisen den Kontakt zu Ñusta aufrecht. Zudem konnte sie unendlich lange auf dem Boden hocken und warten. Auch das hatte sie von ihrem ersten Schamanen gelernt. Insgesamt ging es ihr gut, aber ihr Herz blutete. Schutztiere wachten über sie und nahmen ihr das Schlimmste ab.

Ihre Gedanken kreisten immer wieder um die Ereignisse der letzten Monate. „Ja, ich habe Scheiße gebaut", murmelte sie. Was genau war ihr Part in diesem Thriller? Wo lag ihr Fehler? Sie sträubte sich dagegen, Verantwortung zu übernehmen für ihr Riesenpech. „Waren es wirklich die wenigen Linien von Kokain? Das ist doch völlig absurd. Kein normaler Mensch würde so etwas glauben. Dahinter muss irgendein anderer Mechanismus stecken."

Wie es aussah, hatte Tom diesen Angriff vorausgeplant. Vermutlich bereits in der Schweiz, als Christa wegen seiner Übergriffe ins Frauenhaus gegangen war. „Was wäre passiert, wenn ich das Kokain nicht genommen hätte?"

Beharrlich verlangte Christa täglich, ihren Anwalt aus Santo Domingo zu sehen. Er hatte die Originalverträge, die ihre Unschuld beweisen konnten. Manchmal kam er, manchmal nicht. Aber sie ließ nicht locker. Seine Ausführungen waren sehr ausweichend und lapidar: „Die Papiere und die Leute, die ich zahlen muss … das kostet. Aber wir haben kein Geld." Also keine guten Aussichten.

Die Originalverträge seien verschollen, teilte er eines Tages am Telefon mit. Wie konnte er sie verlieren? Steckte er mit Tom unter einer Decke? Er kenne zwar die Sachlage und würde tun, was er könne. Er werde auch zur Verhandlung kommen, könne aber für nichts garantieren, weil er nur für Santo Domingo zuständig sei. „Aber Sie haben ja einen guten, ehrlichen Anwalt", druckste er herum, bevor er auflegte.

Tom hatte sich mittlerweile eine gefürchtete Entourage zugelegt, und niemand wollte sich an ihm und seinen einflussreichen Freunden die Finger verbrennen. Die Korruption grassierte überall in der Dominikanischen Republik. Daran hat sich bis heute wenig geändert. Korruption, Drogen und Prostitution sind hier offensichtlicher als anderswo der treibende Motor des Staates, der nur ein Handlanger der Mächtigen ist.

Besuch im Gefängnis

Die Tage in der Gefängniszelle zogen sich endlos hin, und Ñustas zehnter Geburtstag stand kurz bevor. Fast eine Woche hatte Christa in Gefangenschaft verbracht.

Das Problem mit der Verpflegung hatte sich gelöst. Täglich brachten ihre Verkäuferin Elizabeth oder eine ihrer Schwestern ein Gericht mit Reis und Bohnen, manchmal gab es auch eine Banane dazu. Wieder hatte diese Frau sich als rettender Engel erwiesen. Christa hat sich bis heute nicht persönlich bei Elizabeth bedanken können.

Ñustas Geburtstage waren bis dahin immer eine laute, teure und spaßige Angelegenheit. In Gstaad feierten sie Feste mit vielen illustren Gästen und ihren Kindern. Dieser Geburtstag war ganz anders. „Sie haben Besuch! Eine halbe Stunde", sagte ein Wärter. Es war Ñusta – doch sie war nicht allein. Christas Schweizer Freunde Ruth und Atilla waren angereist, um ihnen aus der Patsche zu helfen.

Behutsam führten sie ein Gespräch über ihre Pferde und Hunde. „Es geht uns gut", flötete Ñusta und erzählte voller Begeisterung von der Geburtstagsüberraschung, die Ruth und Atilla organisiert hatten. Sie hatten einen dekorierten Pferdewagen voller Kinder vor dem Haus abgestellt, den Ñusta durchs Dorf kutschieren durfte.

Christa lobte die Geburtstagstorte, von der sie ein Stück mitgebracht hatten. Während sie sich unterhielten, machten sie einen großen Bogen um die schlimmen Geschehnisse der letzten Tage. Stattdessen machten sie einander Mut und sprachen von besseren Zeiten.

Als die Besuchszeit vorüber war, drängte ein Wärter die Besucher aus dem kargen Raum. Christa warf noch einen letzten Blick auf ihre Tochter, die zwar tapfer und gefasst schien, aber sehr blass geworden war unter ihrer Bräune.

In Gedanken schickte Christa ihr die Worte, die sie ihr nicht sagen konnte: „Wie sehr ich dich liebe, Ñusta. Das Einzige und wirklich Wertvolle, was ich habe. Du bist meine alte Schamanenfreundin und Seelenverwandte. Wir haben schon so viele Leben und Abenteuer zusammen bestanden. Auch das hier werden wir durchstehen."

Die schamanischen Reisen, die sie täglich in ihrer Gefängniszelle machte, hatten gezeigt, wie eng sie verbunden waren. Die wirklich wichtigen Dinge sagten sie sich mit Blicken, Berührungen und Gefühlen.

Das Reisen lag Christa im Blut. Sie musste damit weiterarbeiten. Es war höchste Zeit, dass sie ihrer Bestimmung folgte. Don Eduardo hatte vollkommen recht. Jetzt war für sie die Zeit gekommen, in seine Fußstapfen zu treten und ihr altes Leben hinter sich zu lassen.

Von draußen klangen sehnsuchtsvoll die letzten Töne eines schmelzenden Boleros. Die Musik versetzte Christa zurück in die schmierigen, dunklen Clubs von Lima, wo in Logen hinter zugezogenen Vorhängen die großen Kokain-Deals gemacht wurden.

Bilder rauschten durch ihren Kopf. Eine Knarre auf dem Tisch, sehr viel Geld, fiese Männer.

Solche Geschäfte waren Cesars Sache gewesen. Die düsteren Schatten der Vergangenheit glitten von den Wänden der Gefängniszelle herab und vermischten sich mit den feuchten Pfützen auf dem alten, ausgewetzten Steinboden. In dieser kalten Grabesruhe begrub sie die schlimmen Zeiten und die unbedachten Fehler, die sie begangen hatte.

Christa musste sehr lange auf ihre Freiheit warten. Der Gerichtstermin wurde immer weiter hinausgezögert. Mittlerweile hatte sie den Ernst der Situation erkannt und war zu allem bereit. Nach unzähligen Verhandlungen einigte man sich auf eine Kaution von zehntausend Dollar, die sie nicht hatte. Noch nicht. Aber sie hatte ihre goldene American-Express-Karte mit einer Bail-Insurance. Wie im Frauenknast von San Diego „bailte" sie sich aus dem Gefängnis. Zehn Tage später kam sie frei.

Flucht nach Miami

Mit Fassung und ohne Gepäck – genau so, wie sie hereingekommen war – verließ sie das Gefängnis durch den Haupteingang. Auf der anderen Straßenseite stand ihr Anwalt Diego neben seinem grauen Wagen.

„Es ist schön, Sie wiederzusehen. Wie fühlen Sie sich?" – „Ich weiß nicht, wie wir das geschafft haben, aber ich schulde Ihnen einen Drink, mindestens!", sagte Christa, und sie begrüßten einander mit einer herzlichen Umarmung. Ein Anwalt mit so viel Herzblut und guter Laune ist eine Seltenheit. Christa wusste seine Bemühungen zu schätzen.

Sie stiegen in den Wagen und fuhren los. Die Luft war heiß, und der Geruch ihres Körpers zog mit jedem Luftzug in ihre Nase. Zwei Monate lang war ihr nur eine wöchentliche Katzenwäsche mit Lappen und einem Eimer Wasser erlaubt. Jetzt war sie endlich frei, die Sonne strahlte, und der Wagen schnurrte wie eine Katze. Noch während der Autofahrt bedankte sie sich bei ihrem Krafttier, der roten Schlange, den Spirits, den Ahnen und ganz besonders bei ihrer Großmutter. Die Autofahrt war eine kleine Kampfpause, ein Atemzug, ein bisschen Frieden. Christas Zuversicht war erschüttert, und vor ihr schien nichts als dicker Nebel zu liegen, doch das kümmerte sie in diesem Moment wenig.

Diego lud Christa zu Hause ab. Zu Hause, das war ein verlassenes Heim. Ñusta war bei Ruth und Noël und spielte mit ihrem kleinen Sohn Theo. Christas Traum war geplatzt. Dies war nicht mehr ihr Haus. „Es ist das Beste, wenn ich mich jetzt wasche. Dann bin ich bereit."

Sie war gerade aus der Dusche gestiegen und hatte sich in ein großes, blaues Badetuch gewickelt, als Noël angerannt kam. Er hatte ein Telefon bei sich zu Hause und musste irgendetwas gehört haben. Christa hatte keinen Telefonanschluss.

Es sprudelte nur so aus ihm heraus: „Deine Verkäuferin, Elizabeth, rief gerade an. Die Drogenpolizei war im Laden und hat nach dir gefragt. Sie sind jetzt auf dem Weg zu dir. Lauf, Christa, lauf! Lauf um dein Leben!"

Noël flehte sie an, das Haus sofort zu verlassen und unterzutauchen. „Lass dich nicht fangen! Die Polizei selbst wird dir Kokain unterjubeln und dich dann packen – als Kokaindealerin kommst du nie wieder raus aus dem Knast."

Christa konnte es nicht glauben. Ihr Leben war zu einer billigen James-Bond-Kopie mutiert. Sie wollte den Schweizer Botschafter anrufen. Er sollte über all das informiert sein, bevor sie sie schnappen konnten. Im Gefängnis hätten sie ihr niemals erlaubt, die Botschaft überhaupt anzurufen. Dies war der richtige Moment dafür, der erste und vielleicht der einzige!

Der Botschafter hatte von Christa und ihrem Geschäft gehört und kannte es sogar noch von Gstaad. Ruhig hörte er sich ihre Geschichte an. Schließlich sagte er kurz und eindringlich:

„Nehmen Sie sofort ein Taxi. Legen Sie sich mit Ihrer Tochter auf den Boden, damit Sie niemand sieht, und kommen Sie nach Santo Domingo."

Ihrem Einwand, sie könne nicht alles stehen und liegen lassen, entgegnete er trocken: „Doch. Lassen Sie es hinter sich. Dafür behalten Sie wenigstens Ihr Leben. Oder wollen Sie das auch noch verlieren?"

Nun hatte es Klick gemacht, und Christa hatte die Lage erfasst. Völlig übermüdet, aber nach zwei Monaten zum ersten Mal geduscht und wild entschlossen, diesen Schlamassel zu beenden, holte sie ihre Tochter bei Ruth ab.

Schnell packten sie die wichtigsten Sachen und bestellten ein Taxi. Es sollte an der Hauptstraße auf sie warten. Christa befürchtete gesehen zu werden. Sie konnten niemandem mehr trauen. Der Schock über die vergangenen Monate saß tief.

„Wir müssen das Pferd nehmen bis zur Hauptstraße", sagte Christa. Ñusta sattelte ihr Lieblingspferd. Sie packten ihre Sachen in die Satteltaschen und schwangen sich aufs Pferd. Die Hunde jaulten und weinten. Sie hatten gespürt, dass dies ein plötzlicher Abschied war. Selbst die Bäume und Sträucher schienen sie aufhalten zu wollen. Sie ritten los, ohne zurückzublicken und ließen den Tränen freien Lauf.

Pünktlich stand das Taxi an der Hauptstraße. Sie banden das Pferd an einen Baum und verabschiedeten sich leise und für immer von dem geliebten Tier.

Dem Fahrer fielen fast die Augen aus dem Kopf, als er sah, wie sich Mutter und Tochter auf den Boden warfen. „Los, fahren Sie los. Nach Santo Domingo und so schnell wie möglich, bitte. Checken Sie ab, ob uns jemand verfolgt. Sie werden ein gutes Trinkgeld bekommen." Am frühen Morgen kamen sie in der Botschaft in Santo Domingo an. Eine kräftige schwarze Putzfrau mit einer steif gebügelten karierten Schürze fegte die Treppenstufen zur Botschaft. Als sie Christa und Ñusta erblickte, machte sie große Augen. Ohne ein Wort zu sagen, brachte sie ihnen

Wasser. Hier, auf Schweizer Boden, konnte ihnen nichts mehr passieren. Sie waren sicher. Es fühlte sich an wie ein Ankommen im heiligen Land.

Der Botschafter brachte sie persönlich und unter Wahrung ihrer Anonymität aus dem Land. Christa hatte noch genau dreihundert Dollar auf der Kreditkarte. Das reichte knapp, um die Tickets zu bezahlen. „Zweimal one way – por favor!" Der erste Flug nach Miami war gebucht. Alles ging schnell und unkompliziert, fast verdächtig einfach. Der Zöllner war mit einem Kreuzworträtsel beschäftigt und würdigte sie bei der Passkontrolle keines Blickes.

Ein letztes Mal zeigten sie ihre Tickets und setzten sich auf ihre Plätze. Erst als das Flugzeug abhob, fühlten sie sich in Sicherheit. Eng umschlungen betrachteten sie die kleinen Inseln, die immer kleiner wurden und unter der Sonne strahlten. Das Meer glitzerte verheißungsvoll und trügerisch, die Jachten sahen aus wie kleine, weiße Blümchen, die winkten. Ein letztes Adios. Rückkehr ausgeschlossen.

Als die Stewardess kam, bestellte Christa eine Cola für Ñusta und gönnte sich selbst eine doppelte Bloody Mary. Sie wechselten kaum ein Wort miteinander, ihre Tränen liefen unaufhaltsam.

Christa bedeckte Ñustas kleines, verweintes Gesicht mit tausend Küssen und versuchte, sie zu beruhigen. Sie hatten so vieles zurücklassen müssen: ihr Heim, ihre Pferde und die Hunde.

War Tom imstande, die Tiere zu erschießen? Das hätte ihn wohl zu viel Munition gekostet. Ihre Nachbarn würden eine Lösung finden. Und das ganze Hab und Gut? Ihre Wohnung, Kleider, Möbel, Bücher, Spielsachen und die Bilder von Christas geliebtem Vater. Nichts hatte sie mitnehmen können. Christa war fest entschlossen, von Miami aus weiterzukämpfen.

Bleierne Müdigkeit legte sich über sie. Christa erinnerte sich an die drei Prophezeiungen der Sternenbrüder bei der dritten Entführung vor drei Jahren. Die erste lautete: „Du wirst alles aufgeben, und es wird dir alles genommen. Alles. Und zwar in jeder Beziehung." Die zweite war: „Das wenige, was du noch hast, ist für andere sehr viel. Auch das wird dir genommen." Die dritte war die Rätselhafteste: „Sogar das, was du nicht hast, wird dir genommen."

Die erste Prophezeiung hatte sich erfüllt. In Gstaad hatte sie ihre gesamte Haus- und Geschäftseinrichtung auf die Straße gestellt, um ins Kloster gehen zu können. In der Dominikanischen Republik war es nicht nur der materielle Verlust, der wehtat, sondern auch die Trennung von den emotionalen und freundschaftlichen Verbindungen, die sich dort entwickelt hatten. Zudem hatten Christas Ruf und ihre Integrität einen großen Schaden erlitten. Nur sie selbst wusste, dass sie zu jeder Zeit in den Spiegel sehen konnte. Sie stand hinter jedem Schritt, den sie gemacht hatte.

Auch die zweite Prophezeiung hatte sich erfüllt. Bevor sie in die Karibik ging, verkaufte sie ihre teuren Ozelot- und Hermelin-Pelzmäntel und stellte ihre letzten alten Bauernschränke und Uhren zum Verkauf aus. Damit hatte sie einen Teil der Karibik finanziert. Und anscheinend war es tatsächlich für einige Leute sehr viel wert.

Tom hatte eins nicht bedacht: Christa war die Designerin, und somit fielen auch die Produktion und der Verkauf dahin. Doch wie und wo würde sich wohl die dritte Prophezeiung der Sternenbrüder erfüllen?

Halbwegs ausgeschlafen und mit etwas mehr Farbe im Gesicht landeten sie in Miami. Dort nahmen sie ein Taxi und fuhren zu Christas alter Freundin Stella, die ein Hotel am Beach hatte.

Wie üblich saß Stella in ihrem kleinen Büro, vor ihr stapelte sich das Papier. Als sie aufblickte und sah, wer durch die Tür kam, sagte sie mit trockenem Hals nur „Oh!" Christa lächelte matt. „Was zum Geier ist passiert?" Sie fielen einander in die Arme und drückten sich ausgiebig. „Möchtest du ein Glas Wasser, Ñusta?" Schüchtern antwortete sie: „Ja, gern".

Stella sah Christa lange an. Dann zwinkerte sie mit den Augen und sagte: „Komm, gehen wir nach draußen." Stella zündete Christas Zigarette an. „Na los, erzähl schon. Was ist passiert?"

Christa und Ñusta befanden sich in einer ernsten Situation, in der sie vorsichtig und mit Bedacht vorgehen mussten. Stella gab ihr Bestes, um den beiden Gestrandeten zu helfen. Sie vermittelte Christa einen Rechtsanwalt, der spezialisiert war auf Karibik-Geschichten. Er versprach, sein Möglichstes zu tun, ließ sie aber auch wissen, dass so etwas ständig passierte in der Dominikanischen Republik.

Als Erstes verlangte er eine dicke Vorauszahlung. Und hier lag Christas Problem. Sie hatte weder einen Cent noch eine Arbeitsbewilligung. In die Schweiz zurückzugehen, kam für sie absolut nicht infrage – auch wegen der großen Entfernung vom „Tatort", der Dominikanischen Republik. Sie zog es vor, von Miami aus weiterzukämpfen, aber ohne dabei viel Staub aufzuwirbeln.

In Stellas Hotel konnten sie nicht bleiben. Es war in der Hochsaison voll ausgebucht. Und bei sich zu Hause hatte Stella ihre Familie aus Paraguay zu Besuch. Für den Anfang brauchten sie eine Wohnung. Und so schnell wie möglich eine Arbeit.

Christa nahm die Beine unter die Arme und zog los. Sie klapperte sämtliche Hotels und Hostels am Beach ab. Irgendwo würde sicher eine Maid oder eine Rezeptionistin gebraucht – im Tausch gegen Unterkunft und Essen.

Schließlich fand sie einen Job in einem Hotel, aber die Ruhe währte nicht lange. Jeden Abend klopfte der Hotelbesitzer an ihrer Tür und versuchte, sie ins Bett zu zerren. Am vierten Abend wurden seine Annäherungen unerträglich. In Gedanken schrie sie ihn an: „Ich kann zwar Betten machen und putzen und noch vieles mehr, wenn es sein muss, aber mich verkaufen? Dafür bin ich mir viel zu teuer, unbezahlbar, um es genau zu sagen!"

Sie konnte sich knapp beherrschen und schob den Mann resolut aus der Wohnung. Am nächsten Tag kündigte sie die Stelle. In der Zwischenzeit war Stellas Familie abgereist, und sie konnten vorübergehend dort unterkommen. Christas Jobsuche gestaltete sich schwierig. Sie wurde nervös. In ihrem Bauch spürte sie einen unheimlichen Druck, der sich Tag für Tag verschlimmerte.

„Wie soll ich es meinen Eltern nur beibringen?", dachte sie. Sie sehnte sich nach der Stimme ihrer Eltern. Es würde schwierig sein, ihnen zu erklären, was passiert war. „Wieder mache ich ihnen Kummer, aber ich kann nichts dafür", dachte Christa. Es war ihre Pflicht, sie zu informieren. In leichten Dosen natürlich. Nur nicht mit der Tür ins Haus fallen.

„Vom Gefängnis erzähle ich besser nichts, sonst bricht für sie eine Welt zusammen. Ich hasse es, wenn die Leute überreagieren auf Dinge, die sie nicht selbst erlebt haben. Dabei bin ich diejenige, die tagelang die Knastmauern angucken und mit Ratten plaudern durfte", dachte sie. Sie ließ sich mit dem Telefonat ein paar Tage Zeit, rappelte sich auf und kümmerte sich intensiv um Ñusta, die unter Albträumen litt.

Für das Telefonat mit ihren Eltern hatte sie derweil eine Geschichte zusammengebastelt, die keine Panik verursachen sollte: Das Geschäft war leider ein Misserfolg, und Tom hatte sich als eine Niete entpuppt. Nun waren sie in Miami gelandet, sie war zwar noch auf Arbeitssuche, aber „das schaffen wir", sagte sie. „Das macht doch nichts, Christa", entgegnete ihre Mutter und schlug vor, Ñusta zu sich zu nehmen, bis sich die Umstände besserten.

Genau das war es, was Christa nicht wollte. Sie fiel aus allen Wolken. Sie hatten zwar eine sehr schwierige Zeit zu meistern. Aber war eine erneute Trennung wirklich notwendig? Eine Feldarbeiterin trägt ihr Kind bei der Arbeit auf dem Rücken. Mutter und Kind gehören zusammen. Schweren Herzens gab sie jedoch nach. Ihr war bewusst, dass in diesem Augenblick am Telefon mit ihrer Mutter ihre Bindung zu Ñusta getrennt wurde – und zwar für eine lange Zeit.

Christa war überzeugt, als Mutter versagt zu haben. Sie war keine normale Mutter. Und Ñusta war ein doppeltes Trennungskind geworden. Zuerst wurde sie durch die Scheidung vom Vater getrennt und nun auch von der Mutter.

„Ñusta muss zur Schule gehen, und das weißt du. Sie braucht ein geregeltes Leben. Mach dir keine Vorwürfe, wir regeln das. Was glaubst du, wozu wir da sind?", sagte ihr Vater. Das hatte sie überzeugt. Sie beendeten das Telefonat. Ihr Bauch entspannte sich ein wenig, dann wurde ihr speiübel. Eine halbe Stunde hing sie über der Toilettenschüssel und übergab sich mit Tränen in den Augen.

Ñusta war leicht davon zu überzeugen, dass es für sie das Beste war, in die Schweiz zu gehen. Insgeheim war sie womöglich froh darüber. Wieder einmal hatte sie tapfer und erwachsen zu sein.

Christa schwor sich, Ñusta von nun an in Ruhe zu lassen mit ihrem Leben, das einfach ein Wirbel, ein einziges Happening war, das sich nicht steuern ließ. Sie spürte tiefen Schmerz, der in einem Gedankenkarussell gefangen war. Vielleicht gab es eine Alternative. Doch ein Blick in die Augen des Kindes reichte, um zu erkennen, dass sie zumindest einverstanden war mit dieser Lösung.

An diesem Punkt begann für beide ein neues Leben, in das sie unsanft hineingeschleudert worden waren. Im Gefängnis hatte Christa eine alte Haut abgestreift, die ihr wahres Wesen zum Vorschein gebracht und ihr ihre Lebensaufgabe vor Augen geführt hatte. Noch fühlte sie sich unsicher, und zu ihrem größten Bedauern musste sie die ersten Schritte allein machen. Ohne ihr Kind an ihrer Seite.

Christa konnte Tom nie verzeihen und ist überzeugt, dass er seine Schuld sehr teuer bezahlen wird. Es war auch möglich, dass sie selbst mit diesem Schicksalsschlag eine karmische Schuld zu begleichen hatte, aber Ñusta traf überhaupt keine Schuld – sie war noch ein Kind!

Trennung

Draußen war es über dreißig Grad heiß, aber die Klimaanlage verwandelte den Flughafen von Miami in einen Eisschrank. Der Flieger der Balair war schon zum Abflug bereit. Während Christa mit den Tränen kämpfte, schwankte Ñusta zwischen der Vorfreude auf die Großeltern, Erleichterung, weil eine sichere Lebensphase vor ihr lag, und Mitgefühl für die geliebte Mutter. Eine Hostess nahm das Mädchen bei der Gangway in Empfang. Bevor Ñusta in der Kabine verschwand, lächelte sie und winkte unter Tränen. „Ciao, Mami." Nichts konnte sie trennen.

Mit butterweichen Knien schleppte Christa sich zu einer Sitzbank in der Abflughalle, wo sie laut schluchzend auf einem Stuhl zusammenbrach.

Raben – Hüter der Gesetze

Eines der ungeschriebenen universellen Gesetze besagt, dass Mutter und Kind von Natur aus zusammengehören. Die Mutter-Kind-Beziehung ist die erste und engste Beziehung eines Menschenwesens. Das neue Leben beginnt mit der Ankunft der Seele im Mutterschoß, dem Ort, wo das Bündnis geschlossen wird.

Auf der Erde wimmelt es von Gefahren, die die göttliche Ordnung bedrohen. Um Grundbedürfnisse wie Trieb und Hunger zu stillen, wenden Menschen zum Teil brutalste Gewalt an und brechen sämtliche Regeln. Das nennt man einen unfairen Kampf.

Im Kampfsport hingegen werden die Rituale der Tierwelt ohne die Absicht zu töten imitiert, was den Sport zur Kunst erhebt. Der Kämpfer wird zum Krieger. Was in der freien Wildbahn geschieht, ist frei von Hass und Gier und dient ausschließlich dem Ausgleich eines Mangels – sei es Hunger oder der Trieb – und der Nivellierung eines Überschusses. So wird das Gleichgewicht gewahrt.

Die Menschen haben sämtliche Regeln pervertiert und stören – getrieben von der Gier nach Mehr, nach Macht, Einflussnahme, Geld und Überfluss – das Gleichgewicht der Natur. Wer mehr möchte, als er braucht, greift ohne schlechtes Gewissen auch nach dem Leben anderer.

Gesetzesbrecher gibt es im Reich der Tiere nur selten. Ein Rabe, der mit den Gesetzen des Universums im Gleichgewicht ist, wird zum Flugkünstler. Er nimmt die Kräfte der Erde auf und trägt sie durch die Lüfte. Raben sind die Hüter der universellen Gesetze. Umso schlimmer sind die Konsequenzen, wenn sie selbst zu Gesetzesbrechern werden. Zunächst werden sie aus ihrem Clan ausgestoßen. Dann soll es vorkommen, dass die Abtrünnigen sich aus großer Höhe in den Tod stürzen, sagen die Indianer.

Tom hatte gewusst, dass Christa nur eines wichtig war: ihre Tochter – und nur dort konnte er sie mit seinem Hass treffen. Sie fand heraus, dass Tom, der Planer, ganze Arbeit geleistet hatte. Er hatte ihren Eltern und Schwestern einen Brief geschrieben, in dem er wie ein fürsorglicher Freund seine „Befürchtungen" darlegte. Er garnierte seine Briefe mit dem dringlichen Rat, dass Ñusta so schnell wie möglich von der Mutter getrennt werden müsse, weil sie unbeaufsichtigt auf der Straße aufwachse, während Christa ein Leben mit Kokain und vielen Liebhabern führe.

Tom war kein Krieger, er war ein Gewaltmensch. Seine Brutalität bewirkte, dass das Gleichgewicht aus den Fugen geriet und Ñusta nach dem Vater nun für eine lange Zeit auch ihre Mutter verlor.

Rettung in den Everglades

Nach ihrer Trennung von Ñusta suchte Christa weiter nach Arbeit. In Miami Beach fand sie schließlich eine Arbeit bei Fun-Tours. Sie konnte sofort beginnen. Endlich waren die Spirits wieder spürbar.

Ursprünglich war sie auf der Suche nach der Firma Sun-Tours, aber die Auskunft hatte Fun-Tours verstanden. Wie der „Zufall" es wollte, suchte Fun-Tours dringend Mitarbeiter. Es schien der richtige Weg zu sein. Fun inklusive.

Die Arbeit füllte Christa aus und machte Freude. Ihre Reise-
erfahrung und ihre Kenntnisse über Hotels – vom Fünfsterne-
hotel bis zur Bambushütte – waren von großem Nutzen. Den
Lohn verwendete sie für Rechtsanwälte in ihrem Kampf um ihr
verlorenes Geschäft in der Dominikanischen Republik.

Ungefähr ein halbes Jahr nach der Katastrophe traf eine
Freundin von Christa auf Tom. Sie sprach ihn auf dem Zürcher
Flughafen an und erzählte ihm höhnisch, dass es Christa gut-
ging und sie ihn schon erwischen würde. Das passte Christa
überhaupt nicht. Sie wäre lieber im Verborgenen geblieben, um
ihn im richtigen Moment zu treffen. Genauso tief wie ihre Wut
war auch ihre Trauer über den Verlust von Ñusta. Ihre Seele
brannte lichterloh. Nur die Arbeit lenkte ein wenig ab und gab
ihr Boden unter den Füßen.

Ihre größte Kraftquelle waren die Morgenstunden am Strand.
Bei Sonnenaufgang nahm sie den endlosen Himmel mit Gold- und
Rosa-Schattierungen mit jeder Faser ihres Körpers auf, und der
Horizont erstreckte sich ins kosmische Grenzenlose. Jeden Tag er-
freute sie sich an der Schönheit der strahlenden tropischen Natur
und dankte mit tiefen Meditationen ihrem Schöpfer. Ihre Wohn-
situation – direkt am Strand – erlaubte es, ihren Lebensstil weiter-
zuführen: Yoga, Meditation und täglich der Versuch zu vergeben.

Nach einiger Zeit im Reisebüro bekam sie die ersten Anfragen
als VIP- und Incentive-Tour-Guide. Das brachte gutes Geld. Die
Besuche der zahlreichen wunderschönen Parks in der tropischen
Umgebung bescherten ihr noch mehr Stunden in der Natur. Ihre
angeschlagene Psyche war dankbar für die Streicheleinheiten
von Mutter Erde.

Plötzlich meldete sich aber ihr Körper. Sie bekam hohes Fieber,
und ihr Lebenslicht wurde immer schwächer. Niemand konnte
die Ursache nennen, und die Ärzte waren sehr beunruhigt. Als
sie in den Spiegel schaute, wusste sie, was tatsächlich los war.
In ihren Augen sah sie die tote Person dahinter. Man hatte ein
tödliches Voodoo-Ritual gegen sie gemacht.

Schon ihr erster Mann Cesar hatte immer wieder versucht, Christa mit schwarzmagischem Macumba-Zauber zum Schweigen zu bringen. Mininha, die weiße Heilerin des Candomblé aus Rio de Janeiro, hatte ihr zu jener Zeit unzählige Male das Leben gerettet. Wie die kubanische Santerìa ist Candomblé eine Naturreligion aus Afrika.

In ihrem Tagebuch notierte Christa: „Wofür zahle ich jetzt wieder die Rechnung? Ich könnte zurückschlagen und Tom tödlich verunglücken lassen. Ein kleiner Verkehrsunfall – niemand würde etwas merken. So einfach ist das. Aber nein, ich muss mein Versprechen halten." In diesem Leben hatte sie versprechen müssen, nur weiße Magie zu praktizieren, die schwarze Magie aus früheren Leben musste ruhen.

In jener Nacht machte sie mit letzter Kraft eine Zeremonie. Sie flehte und schrie die Spirits an. „Wenn ihr mir jetzt nicht helft, kann ich für gar nichts mehr garantieren!"

Am nächsten Morgen bekam sie einen Anruf von ihrer Schweizer Freundin Ingrid. Sie war mit ihrer Mutter Petra in Miami angekommen und wollte einen längst versprochenen Besuch nachholen. Eine halbe Stunde später standen sie schon in Stellas Hotelrezeption, wo sie auch Christa antrafen – in einem besonders erbärmlichen Zustand.

Obwohl Christa krank war, baten und bettelten die beiden darum, dass Christa ihnen zumindest den Nationalpark – die Everglades – zeigt, von denen sie ihnen so viel erzählt hatte. Nach langem Zögern willigte Christa ein, mit ihnen in die Wildnis hinauszufahren.

Am späten Nachmittag fuhren sie los und ließen die heiße Stadt hinter sich. Christa kannte einen kleinen Platz der Mikosukee-Indianer, eine kleine Insel, die völlig abgelegen in den Sümpfen der Everglades lag, und dort wollten sie hin.

Zuerst machten sie eine Touristenfahrt mit dem Boot und bestaunten die riesigen Alligatoren. Mehr als eine Million dieser Viecher leben dort und machen die Sümpfe zu einem gefähr-

lichen Spielplatz, der vor langer Zeit auch der amerikanischen
Armee in ihrem Kampf gegen die Indianer zum Verhängnis geworden war.

Nach der Bootsfahrt suchte Christa den kleinen Pfad, der ins
Innere der Sümpfe führte. Sie war schon öfter dort gewesen und
liebte diesen einsamen Platz abseits der Zivilisation. Der Weg
führte durch endloses Dickicht, immer wieder sprangen sie über
glitschige Wasserarme und erreichten endlich den kleinen Ort
der Stille. Ein Chickee – eine indianische Bambus-Behausung
auf Stelzen – stand dort und bot etwas Schutz vor Tieren und
der Sonne.

Dort saß ein Indianer in typischer Kleidung beinahe bewegungs-
los an einem Feuer und rauchte seine Pfeife. Neben ihm lag ein
wunderschöner Florida-Panther. Christa kannte den Mann nicht,
fühlte sich aber von ihm angezogen. Sie ging zum Feuer und
setzte sich auf sein Zeichen hin. Ingrid und Petra gingen derweil
etwas spazieren, um diesen einmaligen Ort auszukundschaften.

„Du wirst sterben. Weißt du das?", sagte der Indianer mit
einer tiefen Stimme. Er hatte es gespürt. „Ich weiß nicht, ob ich
dir helfen darf. In der Regel helfen wir keinen Weißen. Aber
ich kann meinen Chief fragen. Morgen ist Vollmond. Wenn du
morgen um die gleiche Zeit herkommst, weiß ich mehr."

Voller Freude und Hoffnung auf Heilung bedankte sie sich
und versprach, am nächsten Abend wieder dort zu sein. Die
energische Diskussion mit den Spirits hatte anscheinend ge-
wirkt – endlich schickten sie Hilfe – aber sie kam, wie immer,
im allerletzten Moment.

Als Ingrid und Petra wieder zurückkamen, waren sie erstaunt.
Sie hatten angenommen, dass der Indianer ein alter Freund von
Christa war. Aber sie hatte ihn nie zuvor gesehen. Er war ein
Creek und arbeitete als Medizinmann für seinen Stamm. Er
war wegen eines Treffens mit einigen Anthropologen der Uni-
versität Miami hergereist, die mehr über seine Heilkünste erfahren
wollten. Christas Begegnung mit ihm an diesem ehemaligen

Zeremonienplatz der Medizinmänner war ein glücklicher, überlebenswichtiger Zufall.

Nachdem sie etwas geplaudert hatten, hängte er seinen Medizinbeutel um ihren Hals. Sie fühlte sich schlagartig besser. Er tanzte um sie herum und rief seine Spirits an. Dann schlug er die große Trommel, die dort stand. Der tiefe Klang durchdrang Christas Körper, und ihre Chakren begannen zu vibrieren. Das Leben schien in ihren Körper zurückzufließen.

Spätnachts fuhren sie zurück nach Miami. Im Nachhinein war Christa ihren Freundinnen unendlich dankbar, dass sie sie aus dem Hotel herausgeholt hatten. Nur so konnte die Heilung beginnen.

Auch Ingrids Mutter, die sehr geerdete, nicht an Magie glaubende Petra, hatte aus diesem Abend ihre Lehre gezogen. Zur Überraschung aller sagte sie: „Ich glaube nicht an schwarze Magie und all diesen Kram. Aber was ich heute gesehen habe, was passiert ist mit deinen Augen, als er dir den Medizinbeutel umhängte, ist unglaublich. Ich habe gesehen, wie sich deine Augen von schwarzen, starren Löchern wieder in deine hellen, grünen Augen verwandelten und das Leben wieder zu dir zurückfand."

In der darauf folgenden Vollmondnacht wurde Christa geheilt. Die Zeremonie brachte den Medizinmann beinahe um. Nach ihrer Heilung blieb Christa vier Jahre bei den Creek-Indianern in den Everglades und wurde dort in ihre Lebensweise eingeführt.

Sechs weitere Jahre verbrachte sie bei kanadischen Indianerstämmen, wo sie zum zweiten Mal einen Indianer heiratete. Dort vertiefte sie ihr schamanisches Wissen und gelangte erneut zu der Überzeugung, dass alles vorherbestimmt ist. Sie glaubte fest an die Spirits und daran, dass sie immer den richtigen Weg zeigten – wenn man bereit war, auf sie zu hören.

In der Dominikanischen Republik war Christa zehn Jahre lang zur Fahndung ausgeschrieben und hatte ein Einreiseverbot. Aus ihrer glanzvollen Boutique wurde zuerst ein miserabler T-Shirt-Shop, drei Monate später war es ein Videoladen. Von Tom hat sie nie mehr etwas gehört.

Ein anderes europäisches Mädchen, das mit einem Dominikaner aus Sosua verheiratet war und einen Laden eröffnete, wurde von ihrem Ehemann umgebracht. Der Laden ging in seinen Besitz über. Es gab keine Verhandlung, und die Akte verschwand. Im Vergleich dazu war Christa noch glimpflich davongekommen. Gerechtigkeit scheint auf den ersten Blick ein rares Gut zu sein, und sie wird nur selten mit einem Richterspruch wiederhergestellt.

Thunderbird Woman

Ein Thunderbird hat eine Flügelspanne von hundert Metern. Sein Flügelschlag verdichtet die Wolken und verursacht Donner. Die Blitze, die aus seinen Augen treten, erschüttern die Erde. Um ihm Gaben darzubringen, benötigt man einen großen Landeplatz.

Wer mit den Thunderbirds verbunden ist, muss bei der Initiation einen Blitzschlag überleben. Dieser Aufgabe hatte Christa sich zu stellen, weil Gerald, ein schielender Medizinmann aus Kanada, ihr den Namen Thunderbird Medicine Woman gegeben hatte, und die Einweihung in diese Medizin sollte zu einem unbekannten Zeitpunkt erfolgen.

Erst einige Jahre später passierte es, und zwar in der Schweiz. Die Thunderbirds hatten Christa in ihre kalte Heimat geschickt, und schweren Herzens war sie diesem Befehl gefolgt. Das einzig Positive daran war die Wiedervereinigung mit Ñusta. Die erste Begegnung mit ihrer Tochter war leichter, als sie gedacht hatte – es war so, als ob sie nie getrennt gewesen wären. Tief im Innern der beiden Frauen existieren die Wunden zwar weiter, aber ihr sonniges Naturell war mehr auf die Zukunft ausgerichtet als auf die Vergangenheit.

Die Thunderbird-Einweihung kündigte sich einige Jahre später am Neuenburgersee an. Christa hatte sich mit ihrer Freundin

Gerda dort in ein altes Bauernhaus zurückgezogen, um sich auf ein Seminar am C.-G.-Jung-Institut in Küsnacht vorzubereiten. Sie wollte mehrere Tage fasten und meditieren.

Am vierten Tag ging Gerda zu einem Weinfest, während Christa daheimblieb. Am Morgen hatte sie eine Spirit-Karte aus einem Stapel Orakelkarten gezogen. Es war ausgerechnet die Thunderbird-Karte. Jetzt würde etwas kommen, so viel war sicher. Nachdem sie die Bedeutung der Karte gelesen hatte, wurde ihr mulmig.

Und wirklich, nach einiger Zeit verdunkelte sich der Himmel, und ein Gewitter zog auf. Christa hatte schon immer Furcht und großen Respekt vor Gewittern und steckte für gewöhnlich am liebsten den Kopf in den Sand.

Dieses Gewitter war ihr zugedacht, und die Donnervögel waren unterwegs, um sie zu holen. Bevor sie aus dem Haus ging, machte sie ein Gebet und bat innig darum, dass die Thunderbirds sie schonend behandelten, weil sie eine riesige Furcht vor Gewittern hatte.

Nach ein paar tiefen Atemzügen packte sie entschlossen ihre Utensilien: Räucherschale, Salbei und Federn zum Fächeln des Rauchs. Sie ging zu einer Lichtung und wartete. Die Bäume standen fünfzig bis hundert Meter von ihr entfernt.

Mitten auf dieser Wiese setzte sie sich zur Meditation hin, und die Einweihung begann. „Diese Show ist für dich. Sieh dir unsere Power an, schau genau hin!", sangen sie. Brüllten sie. Polterten sie. Ein kosmisches Feuerwerk folgte. So etwas Schönes hatte Christa selten gesehen. Das Lichtspektakel dauerte schätzungsweise zwanzig Minuten.

Voller Dank stand sie auf, in dem Glauben, dass die Einweihung beendet war. Sie wollte den Thunderbirds Salbei darbieten und sie ehren, als sich ein Blitz fünf Meter von ihr entfernt prompt „bedankte". Die Räucherschale und die anderen Utensilien waren von der Wucht des Blitzes weggeschleudert worden – so auch Christa.

Starr vor Schreck lag sie auf dem Boden. Eine riesige Kraft steckte in ihrem Körper, die zu viel war. Und was zu viel ist, gibt man an die Erde weiter. Der Fluss der Energie, die sie an Mutter Erde weitergab, tat ihr gut, und sie beruhigte sich nach und nach.

Gespannt hatten die Besucher des Weinfests das außergewöhnliche Unwetter vom gegenüberliegenden Ufer verfolgt. Und als Gerda heimkam, war sie nicht weniger erstaunt über Christas Version von diesem Donnerwetter.

Nach ihrer Einweihung blieb Christa noch lange auf dem weichen Boden liegen und bedankte sich immer wieder. Die Medizin der Thunderbirds war jetzt zu ihr gekommen und ermöglichte ihr das Wettermachen, den Exorzismus und das freie Reisen zwischen verschiedenen Dimensionen.

Gruppenreise nach Broken Head, Kanada.

Pfeifenzeremonie mit Medizinmann der Creek-Indianer.

Christa mit Exmann Wasaquizec.

Ritualvorbereitungen
auf White Shell, uralter
heiligster Zeremonienplatz
der Natives, in Manitoba,
Kanada.

Pow-Wow in Kanada.

Nusta Trachsler mit Wasaquizec, Christa Trachslers verstorbenem Exmann.

Oben: Pow-Wow in Kanada. Unten: Tipi-Leben.

Gruppenreise nach Kanada
mit Schamanen.

Schamanen aus aller Welt: Guy-Guy-Mamma (o.),
Aborigines an einem Schamanenmeeting in Österreich.

Begegnung mit der Santería

Christa arbeitete im Organisationskomitee einer VIP-Veranstaltung für das Lateinamerika-Musikfestival Caliente in Havanna, als sie todkrank zusammenbrach. Ihre Tochter Ñusta und Ben, Christas damaliger Freund, brachten sie schließlich zur Santería-Hohepriesterin Sara, einer hellhäutigen, schwarzhaarigen Dame mit dunklen, geheimnisvollen Augen.

Was war passiert? Gerade hatte sie ihr Business „Spirit Adventures" verloren, weil jemand ihren Ruf enorm geschädigt hatte. Sie war überzeugt, dass der schielende kanadische Indianer Gerald und eine Frau namens Barbara hinter dieser Attacke steckten.

In jener Zeit traf sie zufällig einen Freund, den sie aus alten Tagen auf Ibiza kannte. Damals hatte sie Roger bei der Organisation seines ersten Rockfestivals auf Ibiza geholfen. Christa hatte die Musiker chauffiert, Plakate aufgehängt und war das Mädchen für alles gewesen. Seit sie Ibiza für immer verlassen hatte, hatten sie und Roger sich für lange Zeit aus den Augen verloren.

Inzwischen war er ein erfolgreicher Konzertveranstalter und hatte einen interessanten Job in Havanna. Er plante ein großes Konzert für fünfzigtausend Leute – mit Galadinner für VIPs und allem drum und dran. Christa fiel dabei die Aufgabe zu, sich unter anderem um den Einlass der Gäste zu kümmern. Sie wusste genau, wer eingeladen war – und wer nicht.

Tausende versuchten dennoch ihr Glück und mussten abgewiesen werden. Sie verfluchten Christa zum Teil aufs Böseste. Und das wirkte sich auf ihr Befinden aus. Auch in ihrem Appartement fühlte sie nicht mehr sicher. Hier hatte sie den Spirit eines Selbstmörders aufgespürt, der sich sofort ihrer bemächtigt hatte und sie energetisch aussaugte. Eine kurze Reinigung mit Salbei konnte nichts ausrichten. Der Tote hatte einen Wirt gefunden. Solche Spirits sind äußerst hartnäckig.

Während die Party in vollem Gang war, brach Christa im Backstagebereich zusammen. Am folgenden Tag brachten Ñusta und Ben sie in ein Krankenhaus. Bei der Untersuchung konnten die Ärzte nichts finden. Sie vermuteten jedoch ein Nierenversagen und schlugen eine Operation vor. Doch das kam überhaupt nicht infrage.

Ben, Ñusta und Christa zogen aus dem schlechten Appartement aus und checkten in einem guten Hotel ein, wo sich die Ärzte mit Ñusta und Ben abwechselten, um sie am Leben zu halten. Sie hing am Tropf und bekam täglich schwere Medikamente. Nacht für Nacht musste die nass geschwitzte Bettwäsche vier- bis fünfmal gewechselt werden.

Sie hatte Fieberträume und geriet in einen lang andauernden Trancezustand. Sogar das weiße Licht hatte sie gesehen, und es wäre ein Leichtes gewesen, hineinzugehen in die andere Welt.

Ñusta war erwachsen. Sie hatte einen Freund und eine gute Familie. Es war eine gute Zeit. Christa hatte Frieden geschlossen und konnte sich nichts Schöneres vorstellen als zu gehen. Der traurige Haufen um sie herum hielt sie jedoch davon ab. Sie saßen an ihrem Bett und weinten.

Es dauerte drei Tage, bis die kranke Schamanin über das Schlimmste hinweg war. Als sie sich wieder ein wenig bewegen konnte, wollte sie sofort zu der Santería-Priesterin Sara gebracht werden. Der Tempel der „Madrina", von der sie schon viel gehört hatte, befand sich ganz in der Nähe. Sie nahmen ein Taxi und fuhren los.

Über eine halbe Stunde musste sie im Tempel auf Sara warten. Viel später erfuhr Christa, dass sie sehr viel negative Energie mit sich trug, als sie das Kloster betrat. Sara ließ sie so lange warten, damit zuerst die Spirits an ihr arbeiten und sie reinigen konnten. Während der unsichtbaren „Arbeit" der Spirits löste sich die wartende Christa in Tränen auf, bis sie heulte wie ein Schlosshund.

In diesem Augenblick betrat Sara den Raum und ordnete eine Waschung mit speziellen Kräutern an. Zittrig und nackt stand sie da und ließ alles bereitwillig mit sich geschehen. Immer wieder fiel sie in Ohnmacht.

Ben und Ñusta warteten derweil vor dem Kloster. Nach dem Bad kam Saras Mann Jorge und brachte sie in einen anderen Raum, wo eine Gruppe von Santeros bereits auf sie wartete, um an ihr zu arbeiten, stundenlang zu beten und zu singen.

Immer wieder wurde sie mit Tauben gereinigt, die bei ihrer Opferung sofort starben, so stark war die schwarze Magie, die Christa befallen hatte.

Mit ihrem dritten Auge sah Sara plötzlich einen riesigen Vogel, der um sie herumkreiste. „Kennst du den, Christina?", fragte sie. Christa dachte sofort an die Thunderbirds und bejahte ihre Frage. „Dann musst du ihn rufen, weil er zu dir gehört. Damit habe ich nichts zu tun", sagte Sara streng.

Mit schwacher Stimme begann Christa die Thunderbirds zu rufen. „Lauter, lauter!", feuerte Sara sie an. Sie krähte und schrie nach ihnen und bat sie um Hilfe. Ben und Ñusta weinten und beteten. Als die Thunderbirds endlich gekommen waren, wurden alle geschüttelt von ihrer Gegenwart.

Bei der Behandlung im Kloster kam neben den Verfluchungen der Kubaner, die sie bei der Party nach Hause schicken musste, auch die schwarze Magie von Gerald, dem Indianer, zum Vorschein.

Sechs Stunden später fühlte sie sich zwar sehr schwach, aber sie war geheilt und konnte wieder lächeln.

Schon am nächsten Morgen fuhren sie nach Guanabo – Ñusta hatte dort ein Haus gemietet, wo sie sich von den Strapazen ein wenig erholen wollten. Hier traf Christa auf den Heiler Juan-Antonio, der eine Woche lang den Rest ihrer Heilung vollbrachte, insbesondere mit Basilikum und Fußmassagen. Zudem eröffnete er ihr viele ihrer vergangenen Leben, gespickt mit Namen und Daten, bis sie völlig durcheinander war.

Nach diesem kräftezehrenden Job in Havanna schwor Christa sich, nie wieder nach Kuba zu reisen, doch die Spirits hatten andere Pläne mit ihr.

Knapp ein Jahr später traf sie Sara in Zürich. Die beiden Frauen hatten sehr große spirituelle Fähigkeiten und eine starke Bindung zu den Spirits und verstanden sich obendrein ausgesprochen gut. Nach einem ausgiebigen indischen Mittagessen fasste Christa den Entschluss, Saras Schülerin zu werden. Einige Monate später wurde sie in Havanna zur Santera geweiht.

Seitdem verbindet die beiden Frauen eine tiefe Freundschaft. Mindestens einmal im Jahr besucht Sara Christas Praxis in der Schweiz, um Readings für ihre Klienten zu machen. Und Christa organisiert Santería-Einweihungen in Saras Kloster in Havanna.

Dieser Austausch bewirkte etwas noch nie Dagewesenes. Christa konnte Sara nämlich davon überzeugen, zumindest für die europäischen Gäste die Tieropfer abzuschaffen. So entstand eine neue Richtung der Santería, der Christa den Namen „Neue Santería" gab. Das rief zwar viel Skepsis und Missgunst bei den traditionellen Santeras und Santeros hervor, aber Sara ist bis heute standhaft geblieben.

Oben: Christa Trachsler in Kuba.
Mitte: Christa mit Santería-Hohepriesterin
Sara Perez (Mitte).
Unten: Impression aus Havanna.

Spirituelle Hochzeit im Santería-Tempel in Kuba.

Peru-Reise zum Inti Raymi

„Die Schamanen, die ich kenne, sind nichts im Vergleich zu dir.
Du bist die Stärkste von ihnen – du bist die Schamanin der Zukunft!" – „La unica que vale la pena." Was für ein überraschendes
Kompliment hatte sie da von Don Arturo, ihrem alten Schamanenbruder, bekommen! Und er kannte viele große Schamanen, die
zu ihm kamen für das San-Pedro-Ritual. Christa fühlte sich
sehr geehrt.

Sie war gerade mit ihrer Reisegruppe in Lima angekommen,
wo sie sich als Erstes mit Don Arturo und seiner Familie bei
einem Pisco Sour zur Lagebesprechung traf. Das Lob kam vor
dem leckeren Drink und war umso mehr wert. „Danke vielmals,
das tut doch auch hin und wieder gut", notierte Christa an jenem
Abend in ihr Tagebuch.

Eigentlich hatte diese spirituelle Reise schon viel früher be-
gonnen, nur wusste sie es nicht. „Wie immer war ich die Einzige, die von nichts eine Ahnung hatte. Und so was schimpft sich
Schamanin!", liest man in ihren Aufzeichnungen. Immer wieder
wird in ihren Zeilen Selbstkritik laut.

Eine Woche vor der Peru-Reise war sie nach Kuba geflogen,
um mit einer Kundin zu arbeiten. Die Frau wollte unbedingt
schwanger werden. Die Kräuter dazu hatte Christa noch nicht in
der Schweiz, also musste die Kundin mit ihr nach Kuba kommen.

Als Kathy das erste Mal ihre Praxis betrat, war sie blass und
hatte fast nichts auf den Knochen. Sie war zerfressen von Angst
und wollte unbedingt ihr Leben in die richtige Bahn lenken.
Überzeugt davon, dass ein Kind die Lösung war, bat sie Christa
um Hilfe. Sie konnte scheinbar keine Kinder bekommen, aber
die Tests zeigten etwas anderes.

Ein Kind hatte sie bereits verloren, und ihre Ehe war nach
zwanzig Jahren nicht mehr ganz taufrisch. Ihr Mann hatte sich
schon anderweitig orientiert. Er war gerade in Afrika und hatte
eine junge Schwarze zur Geliebten, um mit ihr ein Kind zu machen

und seine Potenz unter Beweis zu stellen. Kathy hatte auch einen afrikanischen Lover. Ihr Mann wollte aber nichts davon hören und spielte den „Tonto, que no ve", den Ahnungslosen.

Kathy war gekommen mit dem Wunsch, diese Frau von ihrem Mann zu trennen, weil sie befürchtete, er würde diesmal nicht zu ihr zurückkehren. Sie liebte ihn immer noch.

Also trennte Christa die beiden. Und wirklich, schon nach kurzer Zeit rief Kathys Mann an und sagte, er würde die Geliebte verlassen und zurückkommen, was er auch tat. So weit schien alles in Ordnung zu sein. Die Geliebte war nicht schwanger, und das gab Kathy Hoffnung.

Zur selben Zeit wurde in Afrika ein Medizinmann angeheuert, was zu erwarten war. Ungewöhnlich daran war, dass auch Christa von den Attacken des Medizinmanns betroffen war. Woher hatte er von ihr gewusst? Als sie Kathy mit der Frage konfrontierte, schwor diese, dass sie niemandem etwas von ihr erzählt hatte.

Die Reise mit Kathy wurde zum Desaster. Schon beim ersten Stopp mit Übernachtung in Amsterdam musste Christa ein eigenes Zimmer beziehen, weil sie Kathy nicht ertragen konnte. Bei Sara im Kloster wurde es nicht besser.

„Noch nie in meinem Leben habe ich jemanden gekannt, der mich so sehr wie einen dreckigen Nigger behandelt hat. Da bekam ich eine Ahnung davon, wie sich die Schwarzen gegenüber diesen Drecksweißen fühlen müssen", steht in ihren Aufzeichnungen. „Vermutlich war das die Erfahrung, die ich machen musste. Nun, es war hart und sehr lehrreich."

Kathy führte sich unmöglich auf. Sie war borniert, eingebildet, arrogant und so aggressiv, dass sämtliche Sympathie für diese Klientin erlosch. Sehr wahrscheinlich war sie besessen von einem starken Spirit aus Afrika. Oder Christa hatte sich einfach in Kathy getäuscht.

Ungeduldig wartete Kathy im Kloster auf ihr Reading, bei dem ihre Situation, besonders ihre Unfruchtbarkeit, vom spirituellen Standpunkt aus durchleuchtet werden sollte. Bei der Ahnenlesung würden ihre früheren Leben angeschaut und die Verbindung zum jetzigen Leben hergestellt werden.

Als Kathy an die Reihe kam, hatte sie urplötzlich ganz andere Sorgen. Lautstark beschwerte sie sich über den Stuhl, auf dem sie saß. Er war ihr zu hart.

Sowohl der Zeremonienmeister als auch Sara schluckten schwer und sahen einander ratlos an, dann setzten sie das Reading fort. Kathy blieb ungehalten und sagte, sie bezweifle, dass ihr irgendjemand helfen könne. Alle waren geschockt, und Christa schämte sich in Grund und Boden.

Beim zweiten Reading kam Sara endgültig zum Schluss, dass Kathy nicht schwanger würde. Ihr Lover, der mit seinem Sohn in die Schweiz kommen wollte, würde sich eine Zeit lang von ihr aushalten lassen, bis er eine Neue kennenlernen würde. Dann würde er sie verlassen. Ihr Mann würde zu seiner Freundin nach Afrika gehen, die in der Zwischenzeit schwanger sein würde, und bei ihr bleiben. Das waren ja „beste Aussichten".

Kathy war nun vollends erbost und brachte das Kloster in ernsthafte Schwierigkeiten mit der Polizei. In Kuba ist es Touristen nicht erlaubt, in privaten Unterkünften zu übernachten. Nur die ausgewiesenen Pensionen und Hotels dürfen Touristen aufnehmen. Christa und Kathy wohnten aber im Kloster und mussten sich entsprechend vorsichtig verhalten und durften nicht aus dem Haus gehen.

Als eines Morgens die Polizei vor der Tür stand, war Kathy bereits aus dem Hintereingang geflohen, ohne die anderen zu warnen. Die Nachbarn hatten sie verpfiffen, weil Kathy jeden Tag im Kloster ein- und ausgegangen war.

Das ganze Klosterpersonal wurde kontrolliert. Dank ihrer Businesskarten konnte Christa beweisen, dass sie zu ihrer Madrina Sara gehörte und als Santera arbeitete. An diesem Abend blieben sie lange wach und gingen erst zu Bett, als das ganze Kloster von Kathys Energien gereinigt war. Kathy checkte in einer Pension in der Nähe des Klosters ein.

Gegen Mitternacht fiel urplötzlich die Klimaanlage, die direkt hinter Christa an der Wand war, aufs Bett. Weil sie auf der Seite gelegen hatte, wurde sie nicht getroffen und kam mit einem Schrecken davon.

Etwas später, als sie wieder eingeschlafen war, wurde sie von lauten, knallenden Geräuschen aus dem Schlaf gerissen. Jemand warf etwas gegen die Fenster. Ein furchtbarer Krach aus der Küche gesellte sich hinzu. Christa sah ihre warnenden Träume bestätigt.

Die Angriffe stammten höchstwahrscheinlich von Kathys Mann und seiner neuen Freundin. Alles hing miteinander zusammen. Das Paar musste herausgefunden haben, dass Christa für Kathy arbeitete. Sie hatten ihren Namen und wussten, wo sie war. Sicher hatte irgendeine Freundin von Kathy geredet.

Das ganze Haus war von dem Lärm wach geworden. Saras Mann schlurfte im Schlafanzug heraus und packte die Bretter wieder auf das Dach, wo sie hingehörten.

Am nächsten Morgen machte Christa intensive Reinigungen mit drei Kräuterbädern, bevor sie das Kloster verließ. Vier Liter vom reinigenden Kräutergebräu nahm sie mit auf die Reise, die trotz Kathy endlich normal verlief.

Sara musste den Tempel für einen Monat schließen, damit Gras über die Sache mit der Polizei wachsen konnte. Seitdem werden im Kloster nur noch Adepten aufgenommen, die von den Spirits höchstpersönlich ausgewählt worden sind. Christa flog weiter nach Peru. Im Flieger bereitete sie sich innerlich auf ihre Gruppe vor.

Harmonie

Der erste Tag verlief reibungslos. Das Gepäck war komplett. Das war ein gutes Omen. Auch die Gruppe machte einen harmonischen Eindruck. Sie entdeckten viele gemeinsame Interessen und tauschten sich rege aus.

Als Erstes gingen sie ins Anthropologische Museum, danach zur Tempelanlage in Pachacamac, wo sie eine Zeremonie abhielten. Kurz nach der Zeremonie spürte Christa, wie etwas an ihr andockte. Sie war sehr erstaunt darüber, dass ausgerechnet an diesem heiligen Platz ein spiritueller Angriff kommen konnte, schob das Problem aber vorläufig beiseite.

Beim Brujo, einem alten Pyramidenplatz nördlich von Trujillo, wo bei Ausgrabungen immer noch unglaubliche Sachen gefunden werden, machten sie eine weitere, besonders starke Meditation.

Regulo, der Archäologe, der diesen Pyramidenkomplex mithilfe eines San-Pedro-Rituals entdeckt hatte, erlaubt Christa immer die verrücktesten Sachen, weil er ihre Zeremonien liebt. Und sie liebt diesen Ort, weil er die stärksten Energien hat, die es überhaupt gibt. Dort Rituale zu machen, ist immer eines der größten Geschenke. Die Energien stammen von uralten, sehr hohen spirituellen Priesterinnen. Die Spirits dieses Ortes stammen aus den unterschiedlichsten Zeitperioden. Auch ein Journalistenteam des „National Geographic" war auf El Brujo aufmerksam geworden und wollte für den Brujo eine San-Pedro-Zeremonie machen und die Grabungsstätte fotografieren.

Die Spirits gaben der Gruppe immer wieder zu verstehen, dass die Pyramide ihnen gehörte. Mit ihrer Trommel kletterte Christa in die alte Grabkammer hinein, wo sie die Spirits zuletzt wahrgenommen hatte, und brachte die Reinkarnation einer ihrer Kundinnen zurück, die in alten Zeiten hier im Brujo gelebt hatte. Die Kundin war zur Überraschung aller zur damaligen Zeit eine hohe Heilerin gewesen. Christa war sehr dankbar für diese ungewöhnliche und schöne Nachricht.

Den Abschluss des Ausflugs in den Brujo krönten sie mit einer machtvollen Zeremonie. Dabei kam heraus, dass viele der Spirits alte Krieger und Opfer waren, die dort ihr Leben gelassen hatten. Infolge der vielen Fehler, die Menschen – und auch Außerirdische – im Laufe der Zeit gemacht haben, sind Löcher in den Dimensionen entstanden, die ungute Vermischungen zum Ergebnis hatten: Da sind Tote, die unter den Lebenden herumschwirren, und Lebende, die von Toten ausgesaugt werden.

Diese kosmischen Fehler können durch regelmäßige Reinigungen korrigiert werden. Auch in hartnäckigen Fällen ist es möglich, die verschiedenen Fremdenergien endgültig zu entfernen. Zuerst befallen sie die Aura. Mit der Zeit können sie den Körper angreifen und Krankheiten auslösen.

Die Spirits von El Brujo waren schon so lange hier, dass Leben und Tod für sie bedeutungslos geworden war. Sie willigten ein, von Christa und der Gruppe ins Licht begleitet zu werden. Aber bevor sie ihre letzte Reise antraten, wohnten sie der Zeremonie bei und machten sich währenddessen bemerkbar, so gut sie konnten. Das war eine große Ehre und ein Reisebeginn ganz nach Christas Geschmack.

Die nächste Station war Nasca. In der Nacht zuvor wurde Christa von seltsamen Träumen begleitet. Albträume hat sie sehr selten, umso mehr nimmt sie sie ernst. Der erste Traum war harmlos. Es ging um ihre Einweihung in den Schamanismus bei Don Eduardo Calderon, als sie ein junges Mädchen war.

Der zweite Traum handelte ausschließlich von den tödlichsten Transportunfällen, die man sich vorstellen konnte. Flugzeuge stürzten ab, verheerende Busunfälle, nur Tote überall. Schweißgebadet wachte sie mitten in der Nacht auf und war so schockiert, dass sie überzeugt war, diese große Reise abbrechen zu müssen.

Ihr Blick wanderte suchend durchs Zimmer. In einer Schublade hatte sie für Notfälle eine dicke Stange Salbei deponiert. Sie zündete das Kraut an und verteilte den Rauch mit einer Vogelschwinge in ihrer Aura. Dann jagte sie die Rauchschwaden zusammen mit der negativen Energie aus dem offenen Fenster. Die Nacht war gerettet. Sie konnte einwandfrei durchschlafen.

Am frühen Morgen machte sie zum Schutz der Gruppe eine Meditation mit Erzengel Michael. Nach dem Frühstück begaben sie sich zum Flieger, um die legendären Nasca-Linien aus der Höhe anzusehen. Während des Flugs betete Christa leise und kommunizierte mit den Engeln um sie herum. Der Flug verlief ohne Komplikationen, und die Nasca-Bilder waren höchst beeindruckend. Bis auf ein seltsames Männchen handelt es sich bei den Linien um Tierbilder, die den Boden vor langer Zeit geprägt haben.

Das Hotel war wunderbar gelegen, und der Aufenthalt in diesem Haus war fester Bestandteil jeder Peru-Reise. Hier konnte sie durchatmen. In den Hügeln machte sie jedes Mal eine Zeremonie für ihren Onkel Don Eduardo. Auch jetzt würde sie sich für das wunderschöne Land bedanken, das sie zum Schamanismus geführt hatte. Es war noch Siesta, als Christa sich davonstahl und den Berg unter die Füße nahm. Oben angekommen, trommelte sie für ihren Onkel und machte eine weitere Zeremonie für einen guten Verlauf der Reise.

Während sie zum Schluss ihre Ritualgegenstände zusammenpackte, wurde ihr schwummrig. Irgendetwas war hier falsch. Möglicherweise war es der Vorbote eines Dimensionslochs – eine unangenehme Erfahrung, die sie unbedingt vermeiden wollte. Immer wenn sie in ein Dimensionsloch geraten war, fand sie sich erst Stunden später in ihrem Hotel wieder.

Solchen Momenten ging immer eine ganz besondere, im wahrsten Sinne des Wortes „nebulöse" Stimmung voraus. Taxifahrer konnten dies bestätigen. Sie berichteten sogar von ganzen Straßenzügen, die hinter einer Nebelwolke in andere Dimensionen verschwunden waren.

Ein Mann aus der Gruppe beobachtete Christas Tun auf dem Hügel. Er war Buchhalter und glaubte selbstverständlich nicht an Geister. Doch selbst er hatte nun ganz deutlich ein Gespenst gesehen, was für ihn absolut unmöglich und unerklärbar war. Auch Christa hatte sich nie an solche Anblicke gewöhnen können, jedes Mal schaltete sich ihr Kopf dazwischen und negierte das Gesehene. Doch die Dimensionslöcher in dieser Gegend waren nicht zu leugnen.

Christa versuchte, das Dimensionsloch auszutricksen, ihm zuvorzukommen. Schnell packte sie ihre Sachen und rannte so schnell sie konnte zur Hacienda, wo sich inzwischen alle versammelt hatten und aufgeregt auf sie warteten. „Du bist ja wie ein Blitz den Berg runtergeschossen!" – „Was ist bloß los?" Alle redeten wild durcheinander. Jeder hatte dieses Etwas beobachtet, was ihr gefolgt war. Jedes Mal, wenn Christa stehen blieb und sich umsah, drückte es sich in die Felsen und versteckte sich.

Sein Gang ähnelte dem des schleimigen Gollum vom „Herrn der Ringe", der so seltsam herumhüpfte. Nur war dieses Ding schwarz. Christa bekam eine Gänsehaut und schüttelte sich vor Ekel. Sie war überzeugt, dass dieser „Gollum" aus Afrika kam und wegen ihrer Kundin Kathy seit Kuba hinter ihr her war. Er war es gewesen, der die Bretter gegen ihr Fenster geworfen hatte. Wie ein Spürhund klebte er an ihren Fersen. Kathy war immer noch in dem naiven Glauben, ihr Mann hätte keinen Kontakt mehr zu seiner schwarzen Freundin.

Er war auch der Schatten, den Christa sozusagen als Anhalter in Pachacamac nach der ersten Zeremonie mitgenommen hatte. Ihr Gefühl hatte sich bewahrheitet. Wegen ihrer Reinigungsbäder und der vielen Meditationen konnte er sich ihr nicht nähern. Sie war vorerst geschützt.

Mit den Albträumen der letzten Nacht hatte er sie zur Umkehr zwingen wollen. „Mich kriegst du nicht", zischte Christa. Die bisherigen Pannen bei den Transportmitteln gingen wohl auf den „Schleimi", wie sie ihn nannte, zurück. Sie musste ihn später loswerden. Sie waren mitten in den Vorbereitungen für das San-Pedro-Ritual mit Christas Freund Arturo als Zeremonienbegleiter.

Das San Pedro brachte einiges aus dem „spirituellen Rucksack" der Gruppenmitglieder zum Vorschein und erforderte viel Arbeit mit Altlasten. Wunderschöne Farben der Vergebung und der Liebe umhüllten sie. Einer ihrer Klienten trug laut Arturo sein eigenes Embryo als abgetriebenes Kind von vielen, vielen Leben zuvor mit sich. Der Klient war wie verwandelt. Ernst, traurig und völlig verwirrt war er in sich zusammengesackt. Arturo kündigte ihm an, dass er „mit der Sonne gebären" werde, was aber angesichts der vielen weiteren Informationen, die Arturo durchgab, in Vergessenheit geraten war.

Kurz vor Sonnenaufgang hatte die Wirkung des San Pedros stark abgenommen. Die Gruppe saß im Garten des Hotels, und sie tranken Pisco Sour, um die ethnobotanische Wirkung der Pflanze zu stoppen. Sie unterhielten sich über die Erkenntnisse und Erfahrungen der vergangenen Nacht. Die Stunden, in denen das San Pedro abklingt, sind nahezu besser als das Ritual selbst und bringen viel Gelächter, aber auch viele Tränen mit sich. Das sind sehr schöne und intensive Momente, die genauso wichtig sind wie das Ritual selbst.

Die Hotelangestellten, die Christa seit ihrer Zeit bei ihrem Onkel Don Eduardo kannten, zeigten ihnen einige Grabbeigaben, die sie bei Ausgrabungen gefunden hatten. Nebenbei erwähnten sie den Schleimi, der Christa am Vortag auf den Hügel gefolgt war. Auch sie hatten ihn gesehen. Das Wesen war ihnen nicht ganz geheuer.

Der Gollum war also wieder im Gespräch und war sogar beim San Pedro gesehen worden. Dies war der richtige Zeitpunkt, um das Problem bei der Wurzel zu packen. Sie beschlossen, eine starke Reinigungszeremonie im Hotelgarten zu machen und die Verbindung des Gollum zu Christa mit einer sogenannten Schneidung rituell zu entfernen. Für das Hotelpersonal war dies unproblematisch. Die Gruppe hatte das ganze Hotel in Beschlag genommen, sie waren die einzigen Gäste, und die Angestellten waren ohnehin Christas Freunde.

Als Christa zu Beginn des Rituals einen Salbeistängel anzündete, begann der Embryo-Kunde in einer fremden Sprache laut zu reden und zu wehklagen. Der Klang der fremden Worte war sehr traurig und voller Schmerz. Christa versuchte ihn zu trösten und ermunterte ihn, noch mehr zu erzählen. Er war den Tränen nahe und redete weiter. Für Christa klang es nach einer Vor-Wikinger-Sprache. Sie war selbst sehr erstaunt über diesen Verdacht. Woher konnte sie das wissen? Hatten sie sich vor vielen Leben sogar gekannt?

Sie umarmte den Mann und weinte mit ihm, es war auch zu traurig, und sie verstand genau, was er ihr sagen wollte. Plötzlich schrie er vor Schmerz und schlug wild um sich. Ihn zu beruhigen, war unmöglich. Arturo machte ihr ein Zeichen, zu gehen. Doch sie konnte ihn jetzt unmöglich allein lassen. Genau in diesem Moment ging die Sonne auf. Mit einem Urschrei stieß er den Stuhl um und fiel in ihre Arme. Christa hielt ihn und half ihm zu gebären. Sie schnitt die Nabelschnur durch, pflanzte das Kind ganz sanft in sein Herz ein und schloss es wieder.

„Spinn ich, oder spinn ich nicht? So etwas ist mir noch nie passiert. Da gebärt dieser Mann doch tatsächlich seine eigene Abtreibung. Hier ist nichts unmöglich", notiert sie später in ihrem Tagebuch.

Christas Kunden und die Hotelangestellten saßen wie versteinert mit offenen Mündern auf der Veranda. Selbst Arturo war schockiert und überrascht. Christa fühlte, wie sie sich veränderte und eine völlig andere Medizin, eine andere Rolle von ihr Besitz ergriff. Sie war nicht mehr die Hebamme, die starke Medizinfrau. Nun war sie „die Geliebte" dieses Mannes aus jener Zeit und streichelte ihn zärtlich. Ja, sie mussten vor langer Zeit ein Paar gewesen sein. Deshalb kam ihr die Sprache auch bekannt vor. Ihre Rollen waren jedoch vertauscht. Er war die Frau und sie der Mann. Sie hatte ihm sein beziehungsweise ihr Kind zurückgegeben, das von ihr war.

Langsam beruhigte sich der Klient und brabbelte weiter in der fremden Sprache. Christa war erschöpft und nahm einen großen Schluck Pisco Sour. Sie waren alle Zeugen einer schamanischen Wiedergeburt geworden.

Während der schamanischen Geburt hatte Christa sich völlig verändert. Sie hatte es auch gespürt und hätte sich gerne dabei gesehen, aber das war nicht wichtig – der Akt an sich war enorm aufsehenerregend. Auch bestätigte es sie darin, dass der Schamanismus eindeutig ihre Berufung war und dass sie nur besser werden konnte. Sie war voller Dank und wahnsinnig glücklich. Dummerweise hatte niemand daran gedacht, diese unglaubliche Geburt mit der Kamera zu filmen, die auf dem Tisch gelegen hatte.

Einer der Hotelangestellten verschwand für kurze Zeit und kehrte zurück mit einem in rotes Tuch eingewickelten Gegenstand. Als er es öffnete, kam ein gewebter Gürtel mit Tiermustern und langen Fransen zum Vorschein. Er war mit Naturfarben eingefärbt und sehr gut erhalten.

Er erklärte, dies sei ein schamanischer Zeremonialgürtel aus der Chavin-Kultur, der schätzungsweise fünftausend Jahre alt war. Ein solch gut erhaltenes Exemplar hatte sie in keinem Museum gesehen – und er passte ihr wie angegossen.

Die Gruppe schenkte ihn Christa, denn er war offensichtlich für sie bestimmt. Das war ein riesiges Geschenk und obendrein ein kraftvolles Arbeitsinstrument. Ein außergewöhnliches Ritualbeil kam noch hinzu. Der ganze Stiel war mit Papageienfedern in Mustern überzogen. Es lag ihr gut in der Hand.

Nun war die Zeit des Gollum gekommen. Sie machten ein großes Ritual, bei dem auch das neue Ritualbeil zum Einsatz kam. Der Schleimi wurde mit dem Beil aus ihrer Aura entfernt. Sie nahm drei Kräuterbäder. Seitdem hatten sie keine Probleme mehr mit den Transportmitteln.

In Christas Wikinger-Freund ging eine wunderschön anzusehende Veränderung vor sich. Er wurde von Tag zu Tag weicher und liebevoller zu sich selbst.

Am nächsten Tag ging es weiter nach Machu Picchu. Eine sehr spirituelle Inka-Frau übernahm hier die Führung. Als sie zum hinteren Teil hinabstiegen, verlangsamte sich der Schritt der älteren Mitreisenden, die im Brujo das Attribut „Heilerin" erhalten hatte. Nachdem Christa ihr den Rucksack abgenommen hatte, ging es ihr besser.

Auf einer hübschen Grasterrasse beim Wayna Picchu machten sie einen Halt, und Christa erzählte von einem Spezialprojekt, bei dem sie mit einer Gruppe an genau dieser Stelle einen großen Kristall eingegraben hatte. Er diente der Reinigung und Balancierung von Machu Picchu und Mutter Erde, deren Haut an diesem Ort sehr sensibel ist.

Der Buchhalter sah sich um und sagte: „Siehst du das? Hier und hier müsst ihr im Kreis gesessen haben." Und wirklich, der Kreis war gut sichtbar und neues, dickes und gesundes Gras war darauf gewachsen. „Und heute ist der Tag der Sommersonnenwende. Ich hatte mir gedacht, heute mit euch den Kristall zu reaktivieren", sagte Christa.

Die Gruppe setzte sich auf den Gras-Kreis, und sie legten ihre Kristalle vor sich hin. Dann machten sie eine schamanische Reise zur Kristall-Reinigung von Mutter Erde. Die Energien waren so stark, dass sie, gepackt von einer riesigen Lichtwelle, richtiggehend hin- und herschwankten.

Nach der Zeremonie strahlten alle wie die Schneekönige, und selbst die schwächelnde Kundin war wieder wohlauf. Die Männer beschlossen, den Energieschub für einen kleinen Lauf zum Wayna Picchu, dem Spirit-Berg von Machu Picchu, zu nutzen. Gesagt, getan, schon waren sie losgeflitzt.

Christa ging trommeln – auf einem hohen Felsen, der über einen riesigen Abhang hinausragte. Der Rest der Gruppe folgte ihr. Auch das Treiben der Läufer konnten sie von hier aus genau mitverfolgen, und die Aussicht war grandios.

Während sie trommelte, bemerkte sie bei der älteren Dame diesmal einen starken Energieabfall. Sie lag auf einem Stein und begann zu stöhnen. Christa wusste als Einzige, dass diese Frau eine Zwillingsschwester hatte, die vor ungefähr tausend Jahren an diesem heiligen Ort gelebt hatte.

Die Klientin musste die uralte Geschichte, mit der sie an diesem Ort konfrontiert wurde, gespürt haben – und das brachte viel Herzschmerz mit sich.

Beide Frauen empfingen viele Bilder – auch farbige Erinnerungs-fetzen nahmen sie wahr. Christa trommelte weiter und ließ die Energien fließen. Dieser heilige Ort sorgte dafür, dass sich das Karma fast von selbst auflöste. Machu Picchu ist wie gemacht für Verarbeitung, Vergebung und Loslassen.

Am Ende räumte sie die Klientin schamanisch aus und reinigte sie von den alten Emotionen und dem Karma. Ihr Herz war ge-reinigt, mit Licht gefüllt und wieder frisch eingesetzt. Das Blut in ihren Adern und auch die Tränen konnten jetzt frei fließen, es war nichts mehr verstopft.

Danach ging es der Frau wieder gut, sogar noch viel besser als vorher. Sie sprang in den Felsen herum und hüpfte mitten in eine Herde von Alpakas hinein, die auf dem Weg zum Bad waren. Bald waren auch die Männer wieder zurück.

Im Hotel Machu Picchu beendeten sie den intensiven Tag mit einem leckeren Kokatee, und Christa bedankte sich bei den Spirits.

Trommeln in Peru.

Christa Trachsler zu Pferd
nach Machu Picchu.

Das ewige Machu Picchu.

Impressionen aus Peru.

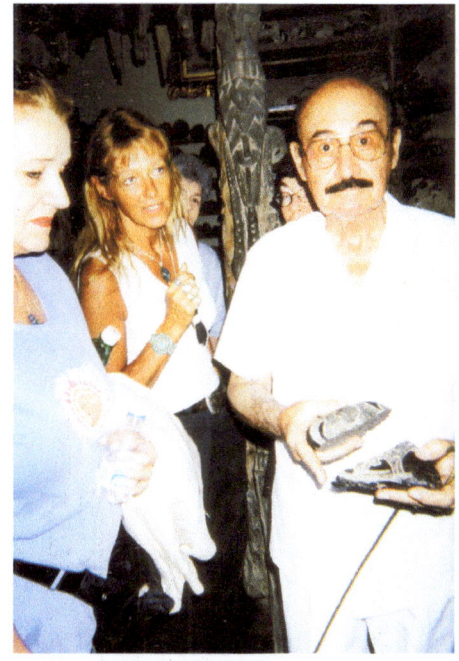

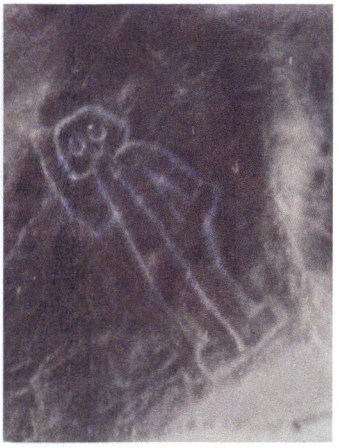

Oben links und unten:
Steinmuseum von Dr. Cabrera
in Ica.
Oben rechts: Luftaufnahme
eines Nasca-Bilds.

Schamanische Taufe in Taquilles, Lake Titicaca, Peru.

Die bunte Welt des Ayahuasca

In der folgenden Nacht hatte Christa wieder einen starken Traum. Im kurzen weißen Brautkleid stand sie neben einem unbekannten neuen Lebenspartner, dessen Gesicht sie nicht erkennen konnte, und unterhielt sich dabei mit ihrem Exfreund Ben und seiner neuen Freundin.

So weit der Traum. In der Wirklichkeit war die Beziehung mit Ben gut. Doch später kam sein wahres Gesicht zum Vorschein. Christa hatte sich zwar längst von ihm getrennt, aber er ließ nicht locker, sein Ego war verletzt.

Umso mehr freute sie sich im Traum darüber, dass sich die Situation endlich beruhigt hatte. Da näherte sich eine andere Frau Ben von hinten. Es war ein sehr junges Mädchen, und sie trug ein Baby auf dem Arm.

Ben kam auf sie zu und nahm Haare aus einem Beutel. Es waren ihre Haare, aus denen er vor ihren Augen eine Falle für sie knüpfte. Sie war starr vor Schreck, und Ben knüpfte weiter. Der Mann ohne Gesicht ging traurig von dannen und wurde immer schneller, er rannte, bis er über eine neue Frau stolperte, die ihm in den Weg gestellt worden war.

Nach diesem Traum aufzuwachen, war unangenehm. Wilde Gefühle durchfluteten ihren Körper. Wut, Eifersucht und Verbitterung musste sie verarbeiten und den Kopf zurechtrücken, bevor sie sich zum gemeinsamen Frühstück gesellen konnte. Dieser Kerl hatte doch knallhart und willentlich ihre neue Liebe von ihr getrennt. Und sie hatte sich nicht gewehrt.

Sie war wütend auf sich selbst, weil sie in diesem Moment die hohe Schule des bewussten Träumens nicht eingesetzt hatte. Das hätte nämlich die ganze Situation und auch die Realität, die daran gebunden war, verändert. Das bewusste Träumen ist eine der höchsten Stufen im Schamanismus – und gehört leider nicht zu Christas Stärken.

Die Gruppe befand sich in den von den Spirits vorausgesagten „schwierigen Tagen" um die Sommersonnenwende herum. „Irgendein Problem mit einem Mann" und „Es hat zu tun mit Pflanzen", hieß es. Christa machte eine sehr starke Spezialmeditation, checkte ihre Kunden und hatte immer noch keine Ahnung, um wen oder was es ging.

Vor ihnen stand einer der Höhepunkte der Reise: das Ayahuasca-Ritual. Ayahuasca ist ein Getränk auf pflanzlicher Basis, das im Amazonasgebiet bei Ritualen zum Einsatz kommt, um sich körperlich zu reinigen oder um Kontakt mit der Pflanzenwelt aufzunehmen. Der wichtigste Wirkstoff des Gebräus ist die halluzinogene Liane Banisteriopsis caapi.

Weitere pflanzliche Zutaten enthalten DMT, einen halluzinogenen Stoff, der sowohl bei Tieren, Pflanzen als auch im menschlichen Organismus vorkommt. DMT ist vor allem für Träume und Kreativität zuständig. Der Geschmack des Getränks variiert je nach Zusammensetzung zwischen bitter und süßlich.

Der Ayahuasquero, auf den sie warteten, erschien nicht. Sie hatte mit allem gerechnet, nur damit nicht. Das war des Rätsels Lösung. Mann, Pflanzen, Ayahuasca, eine klare Sache. Es sollte also nicht Don Pedro sein, der das Ritual führte, sondern jemand anders. Das war schade, weil Christa seine Arbeit sehr schätzte. Noch am Vorabend hatte sie ihn in Cusco getroffen. Er war nur für sie aus Lima angereist, um im Dschungel mit ihnen zu arbeiten.

Wie es der „Zufall" wollte, trafen sie auf einen Ayahuasquero, der seinen Aufenthalt im Dschungel außerplanmäßig verlängert hatte. Er hieß Don Felipe und war der Präsident des Ayahuasquero-Verbands. Seit über vierzig Jahren arbeitete er schon mit Ayahuasca. Der Grund für sein Bleiben war der Traum von einer Frau. Als er Christa erblickte, erkannte er die Frau, mit der er in anderen Dimensionen verbunden war. Aufregende Gespräche waren also garantiert, und für Don Felipe war es eine Selbstverständlichkeit, für den verschwundenen Ayahuascero einzuspringen und das Ritual zu führen.

Am Vorabend des Rituals hatte Christa einen wunderschönen Spirit-Platz am Rand des Dschungels, oberhalb des Flusses, für die hohe Zeremonie eingeweiht, und sie hatte die Natur-Spirits eingeladen, sie zu begleiten.

Das Ayahuasca-Ritual begann sanft und fröhlich. Don Felipe hatte eine wunderbare Stimme. Er sang die traditionellen Lieder und Melodien mit Inbrunst und versetzte die Gruppe in die richtige Stimmung.

Christa wartete mit Spannung auf eine schöne Vision. Doch was kam, war das totale Gegenteil von schön. Sie war gefangen und umgeben von hohen Stäben und Spalieren. Sie wischte das Gesehene fort. Wer will so etwas sehen? Aber das Bild kam immer wieder, und sie war gezwungen, sich damit auseinanderzusetzen. Wie Dornröschen war sie umgeben von goldenen Fäden und Gestrüpp. Die Spaliere waren mit Rosen und Blumen überzogen, Blumen von einem Verehrer? Erst auf den zweiten Blick war es ein Käfig, aus dem sie nicht herauszukommen vermochte. Niemand konnte zu ihr vordringen. Dahinter steckte jemand oder etwas ganz besonders Cleveres.

Je länger sie ihre Situation betrachtete, umso wütender wurde sie. Sie war völlig mit Spinnenfäden überzogen, gefangen in einem engen Kokon aus ihren eigenen blonden Haaren.

„Was soll das, Ben? Glaubst du, du könntest mich einsperren? Du weißt ganz genau, dass ich keine Grenzen kenne. Ich bin grenzenlos!", dachte sie. Hinter dem Kokon-Ritual steckte mehr als nur ihr Exfreund. Er war nur das ausführende Glied.

„Aber Moment, ich habe doch mein neues Zeremonialbeil", rief sie plötzlich. Sie zerhackte und zerstückelte wie wild die Ranken, Spaliere und Stäbe mit den schönen Blumen, die sie nur irreführen und fernhalten wollten, und verbrannte das ganze Gestrüpp. Zur Zerstörung des Haar-Kokons machte sie ein sehr seltenes Ritual. Und es wirkte. Christa konnte wieder frei atmen.

Während sie wieder einmal kämpfen musste, hatten ihre Kunden großartige Visionen vom Ayahuasca. Christa checkte einen nach dem anderen ab und klinkte sich ein wenig in die Prozesse der Klienten ein. Eine Klientin befand sich im Moment des Inti Raymi, des inkaischen Sonnenfests, zusammen mit all den Inka-Heeren, die die Zeiten und Dimensionen schützten. Sie war überwältigt, als sie Tage später das gleiche Bild in Sacsayhuaman bei der großen Zeremonie sah, und konnte sich dadurch vieles erklären. Das Ayahuasca ermöglichte der Gruppe eine große Totalreinigung.

Don Felipe und Christa bekamen die Vision von der Gründung eines alternativen, ethnobotanisch-schamanischen Heilzentrums im Dschungel. Don Felipe wusste genau, wo im Dschungel das Zentrum stehen würde. Vor ihm lag eine Reise nach Amerika, wo er Seminare geben und Spendengelder sammeln wollte für das Projekt. Aus irgendeinem Grund hatten die Spirits beide zusammengeführt. Vielleicht war es das Heilzentrum.

Um drei Uhr morgens verließ die Gruppe den Ritualplatz mit dem Boot. Sie erlebten einen herrlichen Sonnenaufgang im Dschungel. Christa liebt diesen Flecken Erde. So heiß, so feucht, so schön und üppig, und die ersten Papageien im Morgengrauen, die schreiend zum Leckplatz flogen, das waren die schönen Seiten dieses Landes.

Sonnengott im Regen

Wieder einmal waren Tausende gekommen, um das große Sonnengott-Ritual zu feiern. In all den Jahren war es noch nie so kalt gewesen wie in diesem Juni. Immer war strahlend schönes, warmes Wetter, und Christa erinnerte sich daran, dass sie beim letzten Inti Raymi kurze Shorts getragen hatte. Die Temperatur schwankte diesen Juni zwischen ungewöhnlichen sechs und minus zehn Grad. Von der Tribüne aus verfolgten sie zusammen die bunte Parade in der Arena, die dem Wetter trotzte.

Um sich von der Kälte abzulenken, schwang Christa sich in Gedanken auf einen Adler und flog geradewegs in einen Traum. Der Adler setzte sie sanft ab. Sie war mitten in einem Pow-Wow bei den Creek-Indianern in Florida gelandet. Überall lag Schnee, das Reservat war beladen mit schlechtem Karma. Die besten Wettermacher waren gekommen, aber sie konnten nichts ausrichten. Es war ein Omen. Nach diesem Pow-Wow hatte sie damals ihren Stamm in den Everglades verlassen. Ihr Thunderbird hatte ihr den Weg zu den Ojibway-Indianern nach Kanada gewiesen.

Sollte dieser Regen am Inti Raymi etwa bedeuten, dass sie eine Peru-Pause einlegen musste?

Eine Stunde lang hatten sie nun gefroren. Dann kam der Höhepunkt der Zeremonie. Der große Inca nahm vom Schamanen das Lamaherz entgegen und bot es Großvater Sonne dar. „Wenn er es akzeptiert, sollte die Sonne durchbrechen", dachte Christa.

Und tatsächlich riss die Wolkendecke auf, und die Sonne trat hervor. Die Menschenmenge jubelte euphorisch. Während die Sonne strahlte, setzte der Regen unbeeindruckt seinen Job fort.

„Hmm, jetzt fehlt nur noch ein Regenbogen", flüsterte sie vor sich hin. Das wäre ein unwahrscheinlich großes Zeichen der Akzeptanz, Schönheit und Verbindung.

Ein zweiter Jubelsturm brach los. Am Himmel erblickte sie die sieben Regenbogenstrahlen über dem Platz mit den riesigen Steinruinen. Die Menge sog das universelle Licht der Liebe ein. Der Inca bedankte sich bei Inti Raymi, dem großen Sonnengott.

Als die Läufer und Heere sich wieder in Bewegung setzten, schloss sich der Himmel, und das Grau nahm überhand. Doch sie spürten den Regen nicht mehr. Die Kraft der Zeremonie hatte sie verändert. Höchste kosmische Macht, die Energie der Anden, ließ sie klein und voller Demut zurück. Ein großartiger Abschluss für die Reise.

Am nächsten Morgen flog die Gruppe zurück nach Europa. Christa legte noch einen Zwischenstopp in Kuba ein, um ihre

Kräuter abzuholen, die sie für ihre Arbeit in der Praxis brauchte. In Europa sind sie nicht erhältlich.

Vor dem Eingang des Klosters in Havanna, der Casa Religiosa, erwartete Christa eine große Überraschung. Da saß der Gollum und wartete auf sie. Nach der Schneidung in Peru war er also nach Kuba gegangen und bewachte wie ein braver Spürhund die Tür, durch die Christa gehen musste. Ohne ihn anzusehen, ging Christa an ihm vorbei und betrat das Kloster, wo sie herzlich empfangen wurde. Sara servierte Kaffee und setzte sich zu Christa.

„Wie geht es dir? Und vor allem: Wer ist der Kerl da draußen, der auf dich wartet?", fragte sie und rollte die Augen, als ob er ein schmachtender Verehrer wäre. „Den müssen wir loswerden", antwortete Christa. Sie machten ein Ritual, bei dem sie ihn auf ein altes, verschwitztes T-Shirt von ihr ansetzten. Es wirkte tatsächlich. Der Gollum-Schleimi war endgültig abgelenkt. Es wäre nicht verwunderlich, wenn er das T-Shirt noch heute bewacht.

Zurück in der Schweiz versuchte sie herauszufinden, was mit ihrem neuen Flirt, dem Mann ohne Gesicht, passiert war. Hatte er etwas gemerkt, und wie fühlte es sich an, wenn man abgeschnitten wurde? Da er spirituell war, hatte er einiges gespürt. In der Nacht nach der Sommersonnenwende war er mit starken Herzschmerzen aufgewacht. Ein eisernes Band hatte sich rund um seine Herzgegend und seinen Körper gelegt. Nach einer Weile verschob sich das Gefühl in seinen Solarplexus und endete mit derart starkem Kopfweh, dass er eine starke Schmerztablette nehmen musste. In derselben Nacht hatte sie von der Falle geträumt.

Am folgenden Tag war ihr Herzblatt zum Baden an den See gegangen, wo ihm eine Frau regelrecht vor die Nase gesetzt wurde. Mit ihrem plötzlichen Erscheinen hatte sie ihn überrumpelt, und er nahm das willige Geschenklein dankbar an.

Bei dem Mädchen handelte es sich um eine Santera aus Kuba. Und ausgerechnet so eine tauchte wie aus dem Nichts in der Schweiz auf. Eigentlich hätten bei ihm die Alarmglocken schrillen müssen.

Drei Wochen vergnügte er sich mehr oder weniger mit ihr, obwohl sie dick, hässlich und nicht spirituell war.

Es war die gleiche Situation, in der sich viele Männer nach einer Reise nach Kuba oder Brasilien wiederfinden. Sie wollen ihre Ferienflirts nicht nach Europa mitnehmen, und doch begleiten die Girls sie, was auf die starke Magie der Santería zurückzuführen ist. Ein bisschen Körperflüssigkeit in den Drink, und schon sind die Herren oder auch die Damen verhext und willig!

Christa reinigte ihn von oben bis unten, gab ihm ihre Kräuterbäder und schickte ihn nach Hause. Seine „Freundin" klopfte in dieser Nacht ununterbrochen auf das Dach und suchte nach ihm. Die Magie ihres Zaubers bäumte sich ein letztes Mal auf – in Form eines Vogels, der auf dem Dach herumpolterte. Die Bäder zeigten jedoch ihre Wirkung, und sie telefonierten täglich miteinander. Die Story mit dem Mann ohne Gesicht entwickelte sich zu einer kurzen Liebesbeziehung.

Aloe Vera

Sie, die Grüne mit den dicken, fleischigen, zackigen und nach oben spitz verlaufenden Blättern, ist zu groß geworden. Ein neuer Topf steht seit Tagen bereit. Christa zieht die Aloe Vera mit ihren neuen Ablegern, die beinahe an ihr festkleben, aus ihrem alten Zuhause heraus. Wie sie es von ihrer Großmutter gelernt hat, gräbt sie die Hände fest entschlossen ins Wurzelwerk und entfernt Erde und Überflüssiges Wurzelwerk.

Behutsam trennt sie die Ableger der Aloe, die sich an die Mutterpflanze klammern, und legt sie auf den Boden. Aus der Hocke steht sie auf, ihr wird schwarz vor Augen. Für kurze Zeit ist sie blind, doch sie weiß, dass sie auf dem Balkon steht und richtet den blinden Blick auf den See. Als ihr Blick sich klärt, sieht sie ihn, der heute in Türkisblau strahlt. Segelschiffe ziehen auf dem Wasser vorbei wie Schwäne.

Nachdem alle Pflänzchen in ihren neuen Töpfen sitzen, nimmt sie die grüne Gießkanne und holt Wasser. Die Treppenstufen herunter zum Wasserhahn, dann füllt sie die Kanne und beobachtet verzückt den Wasserwirbel, der beim Füllen entsteht. Dann geht sie zurück auf den Balkon, wo nun ein großer, schwarz-weißer Hund neben der Pflanze sitzt. „Woher kommst denn du?", fragt sie ihn. „Und wo ist dein Herrchen?" – „Hier bin ich, meine Süße!", sagt ein großer Mann, zieht sie an sich und küsst sie auf den Mund. Ja, die rote Schlange hatte recht. Dieser Mann ist der Richtige.

Sie lernte Beat in ihrer Praxis in der Schweiz kennen. Erst war er ihr Klient. Nun sind sie seit zwölf Jahren glücklich verheiratet. Ihre Liebe heilt Wunden und ist so stark, dass sie regelrecht „ansteckende" Wirkung hat. So eine „Krankheit" wünscht sie allen. Und einen treuen Hund dazu.

Der Ruf der Kristallschädel

Begraben unter Steinen

In einer Vision sah Christa einen riesigen Bergsturz, der ein ganzes Tempeldorf unter sich begrub. Es musste sehr lange, vielleicht zehntausend Jahre her sein.

Am Dorfeingang hing ein riesiger Kristall, der jeden, der ins Dorf wollte, prüfte. Hatte jemand böse Absichten, fiel ein energetisches Gitter herunter, das dem Besucher den Eintritt verwehrte. Einen Wimpernschlag später verschwand die Stadt vor den Augen des Unwürdigen.

In diesem wunderschönen, futuristisch anmutenden Dorf hinter schneeweißen Mauern bewahrten und verehrten die höchsten Priester des Landes seit dem Untergang von Atlantis einen Kristallschädel. Die Luft war erfüllt von wunderschöner ätherischer Musik.

Die Perfektion und Harmonie des Ortes in Peru war faszinierend. Die Bewohner waren in weißen, tunikaähnlichen Gewändern gekleidet. Sie waren weder Indios noch Peruaner – hellhäutig, blond und groß. Christa musste dieser Vision nachgehen.

Die Haut der Dorfbewohner glänzte überirdisch.

Wie die Goldhaut von Georgette.

Christa hatte sie bei einer Psi-Konferenz kennengelernt. Seit ihrer Entführung durch Aliens pflegte Georgettes Haut seltsam golden zu glänzen. Christa kannte das Phänomen von sich selbst. Es war schwierig, die Hautschüppchen zu analysieren, weil sie sich an der Luft sehr schnell auflösten. Aber es gelang einige Male, um festzustellen, dass es eine Art Gold war.

Georgette war Ägyptologin und sehr bewandert in altägyptischer Magie. Hinzu kam ihre Verbindung zu den UFOs. Urplötzlich wurde Georgette in Ägypten schwer krank und wurde als Notfall in die Schweiz geflogen. Christa konnte ihr nicht mehr helfen. Sie war überzeugt, dass es eine tödliche, schwarzmagische Attacke war, weil Georgette zu viel wusste.

Sie musste leider sterben.

Im alten Tempeldorf in Peru herrschte nur Schönheit, Frieden und Harmonie. Eines Tages kam der Berg herunter und begrub alles unter sich.

Aus einem Schädel wurden dreizehn.

Ihre Augen blitzten – sie verschwanden im Nebel.

Und übrig blieb ein Babyschädelchen mit einem Stab aus Bergkristall daran.

Passagiere ohne Koffer

Christa will der Vision von dem Kristallschädel in Peru auf den Grund gehen und bereitet sich monatelang auf die Reise vor. Sie trommelt eine spirituelle Reisegruppe zusammen. Mono – ein Freund ihrer Tochter Ñusta – und Gabriela, ein Medium, kommen ebenfalls mit, was gut ist, weil sie, zusammen mit Ñusta, sehr spirituell sind und, wen wunderts, in gleichem Maße abenteuerlustig.

Zu den Reisevorbereitungen einer Schamanin gehört auch der Blick in die Zukunft. Ein Orakel mit Kokablättern sagt eine wunderbare Reise voraus. „So, wie du es dir vorstellst." Ein anderes Channeling bestätigt, dass der Schädel in dem Tal unter dem Bergsturz liegt, und gibt ihr noch weitere Anhaltspunkte. Ihn zu bergen und unbemerkt durch den Zoll zu bringen, wird eine weitere schwierige Aufgabe.

Zusammen mit ihrer Gruppe, die eingeweiht ist, spielt Christa die unmöglichsten Szenarien durch. Sie könnte mit Mono und Dominik graben gehen, während Ñusta den Wächter des Ortes zum Essen einlädt. San Pedro und die Spirits sollen sie an diesen besonderen Ort leiten.

Den Schädel durch den Zoll zu bringen, ist das zweite, vielleicht noch größere Problem. Sie spielen alle Möglichkeiten durch. Die Idee, Ñusta einen Stoffbauch umzubinden, sodass sie schwanger aussieht, wird schnell verworfen.

Einfacher wäre es, in der Schweiz bei der Ausreise nach Peru beim Zoll einen einfachen Glasschädel anzugeben. Dann könnten sie mit dem echten Schädel heimkommen. Jedoch sind die falschen Schädel aus Nepal sehr teuer. Aber da Christa das Manifestieren in der vierten Dimension noch nicht beherrscht – Geld kann sie nicht herbeizaubern – kommt auch diese Variante nicht infrage. Ihr bleibt nichts anderes übrig als zu improvisieren.

Auch das Datum spielt eine große Rolle. Sie befragt dazu ein Medium. Bei einer schamanischen Reise meldet sich Mutter Erde und gibt ihr den dreizehnten Januar durch. Als Ausweichdatum schlägt Mutter Erde den sechzehnten Januar vor. Christa soll einen Tag vorher fasten, weil Mutter Erde weiß, wie sehr sie das peruanische Essen liebt und es dabei oft ein bisschen übertreibt. Das Fasten macht sie reiner und empfänglicher für ihre Aufgabe. Dann sollte alles ganz einfach gehen. Bei einem Spaziergang im Geröllfeld würde Mutter Erde sie zu ihrem Kristallschädel führen.

Gabriela, das Medium, macht ebenfalls ein Channeling zum Kristallschädel. Dabei kommt sie zum Ergebnis, dass es sehr auf die Einstellung der Gruppe ankommen wird. Wenn sie von einem schwierigen Unterfangen ausgehen, würde es ein schwieriges Unterfangen werden. Wenn sie den Dingen ihren Lauf lassen und entspannt bleiben, dann finden sie den Kristallschädel. Der zweite Kristallschädel, den Christa einige Jahre später bekommen würde, sei in Tibet oder Nepal, sagte ihr ihre Freundin Bobby einmal voraus. Das wäre dann der dreizehnte, womit die Zahl der Kristallschädel komplett wäre.

Schon auf ihrer letzten Peru-Reise hatte sie sich etwas einfallen lassen müssen, um das fünftausend Jahre alte Zeremonialbeil in die Schweiz einzuführen. Auch diesmal muss es mit auf die Reise, weil sie damit auf dem Machu Picchu einen großen Felsblock spalten muss – vor Tres Ventanas, dem Tempel mit den drei Fenstern. Vorher sollen sie durch die Fensternischen singen, um die Spirits zu informieren. Als Datum für diese Zeremonie wird der letzte Tag des Jahres gesetzt.

Bei dem ganzen Abenteuer wird sie begleitet von der Tochter des Cusco-Schamanen Victor, die in einem früheren Leben Christas Tochter war, und Don Marino Orlando, einer der Assistenten von Bingham, der Machu Picchu gefunden hat. Durch ihn könnten sie Einlass bekommen zu den geheimen Orten der alten Stadt. Mit Arturo wollen sie nicht arbeiten, er wäre eifersüchtig. Also wird Christa die Führung übernehmen und die Schamanin sein.

Am letzten Tag in der Schweiz macht Christa eine kraftraubende Bauchreinigung bei einer jungen Frau, die mit vielen schwarzen Männern Sex hatte, die sie schwarzmagisch angegriffen hatten. So lautet jedenfalls die Botschaft der Spirits, die sie selten infrage stellt.

Der Hinflug gestaltet sich angenehm. Wegen Überbuchung bekommen sie Plätze in der ersten Klasse. Bei der Landung stellt sich jedoch heraus, dass sämtliche Koffer fehlen bis auf den von Mono. Erst nach sechs Stunden trifft das Gepäck ein. In fast jeder Gruppe ist ein schwarzes Schaf, das seinen Koffer am Flughafen vermisst.

Christa ist nervös nach so vielen Gedanken und Stunden im Flieger. Um alles ein wenig in den Griff zu bekommen, lässt sie sich von ihrem spirituellen Guide Arturo reinigen. Nach seinem Koka-Orakel, aber auch nach der Voraussage der Santería-Hohepriesterin Sara soll die Reise ab jetzt wirklich reibungslos verlaufen. Der Koffer eines Nachzüglers, der einen Tag später eintrifft, ist jedoch bis zur Unkenntlichkeit zertrümmert.

***

Am ersten Abend gehen sie in der Nähe der großen Pyramide Huaca Pucllana bei Lima essen. Der Kellner lacht laut auf, als er Ñusta sieht. Er erkennt sie sofort. „Gut, bist du da. Hoffentlich ändern sich die Dinge jetzt, wir brauchen hier eine neue Ordnung", sagt er, dreht mit dem leeren Tablett ab und lässt sie mit offenem Mund sitzen.

Traditionelle Peruaner glauben an die alten Mythen der Inka, denen zufolge die höchste Sonnenprinzessin, die sogenannte Ñusta, eines Tages ihr Volk führen wird. Christa gab ihrer Tochter diesen Namen nicht ohne Grund. Bei einem Channeling kam sogar heraus, dass sie an der Seite eines Inka-Präsidenten Peru regieren werde. Und da im Moment zum ersten Mal ein Inka-Mann Präsident ist, wäre es durchaus möglich, dass er die Legenden auch kennt. Gleichzeitig warnte das Channeling vor der schwarzen Seite, die die Sonnenprinzessin erwarten und überwachen würde.

Das Abendessen wird zu einem kommunikativen Desaster. Niemand spricht ein Wort. Die Chemie der Gruppe scheint überhaupt nicht zu stimmen.

Ausgesprochen schwere Energien strahlen die Dürrenmatts aus. Das ältere Geschwisterpaar ist auf der Suche nach dem Inka-Gold, was mit großer Sicherheit schwierig wird, denn nach ihren Erzählungen erleben sie eine schwarzmagische Attacke nach der anderen und werden ständig überwacht, was die Gruppe mit Misstrauen quittiert.

Das persönliche Motiv von Bruder Dürrenmatt ist sehr niedrig schwingend. Er ist nämlich verrückt nach einer Dreiundzwanzigjährigen, die sich nur mit reichen Männern abgibt. Mit dem Gold will er Eindruck auf sie machen, um sie zu bekommen. Seine Aura ist entsprechend verschmutzt. Materialistisches Denken zieht negative Kräfte an. Und das Inka-Gold hatte noch niemandem Glück gebracht.

Carola ist eine spirituelle Karikatur, lächerlich und ein esoterischer Albtraum. Karl, ein alter, superreicher, verbitterter Mann, hört schlecht und nörgelt an allem herum. Genau wie die Dürrenmatts ist auch Karl völlig unspirituell und vermutlich nur mitgekommen, weil er hofft, Christa als Freundin zu gewinnen. Waltraud, eine dunkelhaarige, streng frisierte Frau, ist sehr rechthaberisch und genießt es, allen auf boshafte Art Befehle zu geben. Solche Leute müssen sich früher oder später anpassen. Normalerweise klappt es meistens. Normalerweise …

Zum Glück ist da noch Sandra, die immer von einem schönen, weißen Licht umgeben ist. Bei einer Reise nach Kanada hatte Christa sich mit ihr angefreundet. Eine Teilnehmerin der lockereren Sorte ist Wiebke. Die flotte Deutsche weiß die Stimmung in jeder Situation mit einem Späßchen aufzuheitern.

Nach dem Essen nehmen sie noch einen Pisco Sour. Ñusta stiehlt sich derweil davon und hastet zur großen Pyramide. Ihr Herz rast vor Aufregung. Diese Reise ist für sie persönlich eine Rückkehr in die Heimat. Bevor sie eintritt, küsst sie den Boden, dann legt sie eine Lilie auf den Altar, womit sie ihre Absicht bekundet, ihrer Bestimmung zu folgen und sich das alte Wissen der Sonnenprinzessinnen anzueignen.

Als Ñusta zurückkehrt, findet sie einen leeren Tisch vor. Ein Auto hupt. Alle warten bereits auf sie. Es geht weiter zur Ausgrabungsstelle bei der Pyramide in Pachacamac, wo mehrere Tempel stehen. Hier eröffnen sie ihre Reise mit einem Trommelritual. Nach den ersten Takten gesellen sich oben auf den Terrassen Wesen dazu, die sie mit Gesang und Trommeln begleiten. Der

Besuch der Gruppe bereitet ihnen ganz offensichtlich große Freude. Ñusta begrüßt sie voller Freude und mit Tränen im Gesicht.

Am nächsten Morgen steht Trujillo auf dem Plan. Sie stehen früh auf und fahren zum Flughafen, wo der nächste Dämpfer auf sie wartet. Ganze fünf Stunden müssen sie auf den Flug warten, bis LAN Airlines mitteilt, dass der Flug wegen des Regens in Trujillo gecancelt wird. Die Stimmung fällt erneut in den Keller.

Christa muss sich vor den Regenwetter-Gesichtern der Gruppe regelrecht schützen. Bruder Dürrenmatt beginnt, zünftig in Schweizerdeutsch zu fluchen. Carola, der Eso-Albtraum, lächelt hilflos vor sich hin und redet alles schön. „Während wir hier warten, kann alles Mögliche auf der Welt passieren", sinniert sie. Die anderen schweigen ratlos. Christa kümmert sich indessen um die Hotel-Umbuchungen und krempelt den Reiseplan um.

Nasca, das eigentlich nach Trujillo angesagt war, ist jetzt die nächste Station ihrer Reise. Für die Fahrt dorthin organisiert Christa einen privaten Bus, der die Gruppe am Mittag vom Flughafen abholt. Die Fahrt wird zu einer einzigen Qual: Alle sind übellaunig, und manche fluchen am laufenden Band.

Erst der Abend bringt ein wenig Entspannung in die Lage. Sie besuchen das Steinmuseum von Dr. Cabrera in Ica. Über die Jahrzehnte hat er mehr als fünfzehntausend uralte, gravierte Steine gesammelt, auf denen Dinosaurier, Zeugungsakte, Himmelsbeobachtungen mit Teleskopen, chirurgische Eingriffe und Motive der Nasca-Linien, die sie gerade am Nachmittag mit eigenen Augen aus dem Flieger betrachtet haben, dargestellt sind. In der Zeit, in der die Gravierungen vermutlich entstanden sind, gab es keine Flugzeuge.

Cabrera ist überzeugt davon, dass die Steine und ihre Gravierungen echt sind. Andere Stimmen behaupten, dass sie neuzeitlichem Kunsthandwerk zuzuordnen seien. Aber wenn man diese „Kunsthandwerke" betrachtet, wirft es einen schier um. Die Gruppe entdeckt in einem weiteren Raum einige Totempfähle, die eine außergewöhnliche Ausstrahlung auf sie ausüben. Sie beschließen, mit den Pfählen zu meditieren, wobei einige beinahe das Bewusstsein verlieren. Anschließend sind sich alle einig, dass die Pfähle bewirken, dass eine Person dematerialisiert und wieder neu zusammengesetzt wird.

Dr. Cabrera hat eine besondere Kammer, die nur zugänglich ist, wenn die Tür offen steht. Heute haben sie Glück und dürfen hinein. Hier finden sie die Steine mit den ganz verrückten Motiven, wie Jesus und den zwei Dieben am Kreuz. Ebenso ist das Abendmahl perfekt dargestellt und auch die Geburt von Jesus Christus mit den drei heiligen Königen.

Nach den neuesten Tests waren die Steine und auch ihre Gravuren neunundsechzig Millionen Jahre alt. Angesichts solcher Funde muss man sich wieder einmal die Frage stellen, ob alles vorherbestimmt ist und einem exakten Plan folgt.

Zurück im Hotel de la Borda, das heute „Majoro" heißt, gibt es einige Reklamationen. Offensichtlich fällt es einem großen Teil der Gruppe schwer, die Schönheit des Ortes zu erkennen. Für sie ist alles nur staubig und alt. „Zum Glück kommt heute Arturo", denkt Christa erleichtert. Als er eintrifft, bittet sie ihn als Erstes, eine Mesa zu legen, eine Art Orakel mit Kokablättern und Süßigkeiten und kleinen Gaben, die am Ende Mutter Erde geschenkt werden.

Was dabei herauskommt, lag bereits in der Luft: Die Gruppe muss dringend mit dem Herzen arbeiten und Süße und Liebe integrieren. Christa nutzt die Gelegenheit, um in wenigen Sätzen auch ihre Sichtweise darzulegen, und bittet alle um einen liebevolleren Umgang miteinander. Allerdings bezweifelt sie, dass sich etwas ändert, weil ihre Herzen zu böse und frustriert sind.

Am folgenden Tag fährt ein Teil der Gruppe zu den Nasca-Linien, um dort ein San-Pedro-Ritual zu machen. Sie sind nur zu fünft – Mono hat sich von der Santera Sara, die absolut gegen jede Art von Drogen ist, einschüchtern lassen und macht nicht mit. Ñusta übergibt sich schon fast beim Trinken und lässt es bei einem Schluck bewenden. Christa nimmt kein San Pedro mehr, was sie zwar sehr bedauert – doch zu groß ist ihr Ekel vor dem schleimigen Gebräu. Sie begnügt sich damit, in Meditation zu gehen und sich in die Hirne der anderen einzuklinken, mitzusehen und wenn nötig zu helfen.

Wiebke erlebt eine San-Pedro-Reise, die ihr Aufschluss über die Magnetfelder gibt. Sie ist ergriffen von den Nasca-Linien, die von oben auf die Wüste kopiert worden sind. Bei Sandra muss Christa eine kleine Operation machen, um etwas zu entfernen, das nicht zu ihr gehört. Später erklärt Sandra, dass es sich bei dem Ding um ein altes Alien-Implantat handelte, das seit Jahrzehnten starke Migräne verursachte. Alle anderen Schamanen hatten es nicht gewagt, es zu entfernen.

Der esoterische Albtraum fliegt in Sphären ab und beginnt zu hyperventilieren. Christa holt sie herunter und eröffnet Carola, dass sie zur Spinnenfrau geworden war und ihr eine Kulturverbindung gezeigt wurde, die vom Spinnen-Motiv von Nasca durch die Erde hindurch bis zum Spider-Rock im Canon de Chelly in Arizona reicht. Sie verbindet die Nasca-Kultur mit den Navajo-Indianern. Mit ihren eiskalten blauen Augen und den schwarz gefärbten Haaren sieht Carola tatsächlich aus wie eine Spinnenfrau. Es schüttelt Christa, und Sandra ist leicht angewidert. Irgendetwas ist komisch an ihr. Die spirituelle Carola hat von nichts eine Ahnung. Nicht einmal die Chakren sind ihr bekannt. Ist sie eine Blufferin? Sie tut jedenfalls alles, um Aufmerksamkeit zu erheischen. Carola ist ihre Kundin, und Christa ist der Ansicht, ihr die Heilung geben zu müssen, die sie sucht. Es fällt ihr jedoch schwer, dabei neutral zu bleiben.

Der hellsichtige Arturo bemerkt an Christa ein altes Gespenst, das sich als weiße Frau tarnt, im Prinzip aber schwarz und sehr böse ist. Das Weiß macht sie weniger sichtbar. Diese Energie spürt Christa seit ihrer letzten Hausreinigung bei einer

Kundin. Nicht einmal Sara hatte das Gespenst gesehen. Arturo befreit sie davon und klopft ihr anschließend auf die Schulter und lacht: „So, jetzt lauf mal weiter, kleines Reh. Dein Huf ist befreit worden."

Ñusta dämmert teilnahmslos vor sich hin und spielt mit einem Stein, der ihr sogar immer wieder in die Jackentasche hüpft. „Er wollte unbedingt mit", sagt sie jedem, der sie fragt, was so besonders ist an diesem Stein. Sie hat ihn bei den Nasca-Linien gefunden. Er hat die Form einer Pyramide.

Stunden später stehen sie mit Pisco Sour am Swimmingpool in der Hacienda und führen ein interessantes Gespräch über das San-Pedro-Ritual, während sie Vater Sonne dabei zusehen, wie er in einem Meer von Farben aufgeht. Es hat allen gutgetan, ihre Energien ausbalanciert und brachte die dringend benötigen Liebesschwingungen zurück.

Als Ñusta beim Abendessen wieder ihren Stein aus der Hosentasche hervorholt, trifft Christa der Schlag. Sie zeigt den Stein Arturo, der ihren Verdacht bestätigt. Der Stein ist eine exakte Kopie eines großen Altarsteines in Machu Picchu – und in der Grabungsstätte Ollantaytambo steht ein Zwilling von diesem Altar. Ñusta wurde in einer Vollmondnacht in Machu Picchu auf dem großen Altar vor dem Tempel Tres Ventanas gezeugt. Und nun ist sie sowohl zu ihrer Bestimmung als auch zum Ort ihrer Zeugung zurückgekehrt. Es gibt keine Zufälle. Diese beiden Altare gehören zu Ñusta.

Arturo hat die schrullige Angewohnheit, jedem einen Spitznamen zu geben. Mittlerweile haben alle aus der Splittergruppe – die anderen suchen ihr Inka-Gold oder sonstiges – ihren Namen bekommen. Sandra nennt er Kusi Kente – glücklicher Kolibri. Der Eso-Albtraum heißt goldener Kolibri. Christa sucht vergeblich nach einer Kolibri-Verbindung zwischen den beiden Frauen, da scheint rein gar nichts zu sein. In Sandra sieht Christa wiederum eine typische Eule, wie es sie in allen Kulturen gibt. Bei den Indianern heißt Sandra Weiße Eulenfrau, und auch in der Mongolei hatte sie einen ähnlichen Namen. Christa spricht er mit Nina Urpi an, was entweder weiße Taube oder Feuervogel heißen muss. So oder so passt beides nicht, findet Christa.

Am nächsten Tag trennt sich die Gruppe erneut. Die Ausgrabungsstätte El Brujo, die auf dem heutigen Programm steht, interessiert sie nicht. Die Dürrenmatts wollen mit einem Privattaxi nach Cusco. Karl will zunächst mit den Dürrenmatts fahren, aber dann entfacht sich ein Streit wegen der Fahrtkosten. Schließlich gehen sie mit zerknirschten Gesichtern getrennter Wege. Solche Kleinlichkeiten rauben Christa die Kraft. Während sie sich stritten, träumte sie sich weg an einen Strand mit Sonne, Meer und einem Drink plus Zigarette.

Seit dem San-Pedro-Ritual ist Wiebke Feuer und Flamme für den archäologischen Komplex El Brujo und steckt einige aus der Gruppe mit ihrer Begeisterung an. So kommt nach und nach eine kleine Zeremonial-Gruppe zustande. Auf der Fahrt nach El Brujo machen sie einen Abstecher nach Paracas, einem Ort, den Christa und Ñusta nun sieben Jahre gemieden haben. Damals wurden sie von Reptiloiden überwältigt und mit einem Chip versehen. Reptiloide sind äußerst aggressive Erdbewohner, die Menschen sehr ähneln, sich aber jederzeit verwandeln können. Im Hostal San Luis mitten in Paracas kamen sie aus den Abwasserkanälen und versuchten, Ñusta zu chippen. Christa griff sie mit aller Kraft an, doch es war ihr nicht gelungen, sie abzuwehren. Sie hatten sie außer Gefecht gesetzt und ihr Ziel erreicht. Erst vor Kurzem konnten sie diesen Chip entfernen.

Jetzt, sieben Jahre später, hat die Zahl der abartigen Tiere in der Gegend extrem abgenommen. Den ersten Kontakt mit diesen Wesen hatte Christa auf jener Vollmondparty auf Ibiza am Strand von „Es Vedra." Sie waren ungefähr anderthalb Meter groß, hatten Schwimmhäute an den Füßen und eine grünliche, grobe, schuppenartige Haut. Fast wie Reptile. Ihre Gesichter waren kaum zu erkennen, weil sie so etwas wie Gasmasken trugen. Sie schienen sich im Wasser ungehindert bewegen zu können. Sonst wären sie nicht aus dem Abwasserkanal gekommen.

In der Nacht in Trujillo bei El Brujo schlafen sie ausgesprochen schlecht. Am Morgen hören sie davon, dass ein Meerbeben der Stärke acht Asien erschüttert hat. Sie machen als Erstes eine Meditation und beginnen, die Seelen mit der Psychopompo-Technik heimzubegleiten ins Licht. Mit einem Kristall fangen sie die verirrten Seelen ein und schicken sie von dort ins Licht. Doch es nimmt kein Ende. Immer mehr tote Seelen kommen, auch Tiere. Es ist schlimm anzusehen. Niemand aus der Gruppe glaubt, dass die Zahl der Toten stimmt, es müssen sehr viel mehr sein. Sie arbeiten bis zur Erschöpfung. Schließlich werden definitiv über hundertfünfzigtausend Tote gezählt, und noch viel mehr gelten als vermisst. Es ist die größte Katastrophe seit Langem.

Nach dem Mittagessen bricht die Gruppe zur Grabungsstätte in El Brujo auf. Regulo, der Archäologe und Chef der Ausgrabungen, kann es kaum erwarten, seine Fundstücke zu zeigen. Wie immer hat er ein ganz besonders gutes Händchen gehabt. Trotz seiner Begeisterung wirkt er bedrückt und niedergeschlagen. Der ganz große Fund, das wirklich große Grab, liegt immer noch im Dunkeln.

„Was ist mit dir los?", fragt Christa ihn in einer ruhigen Minute abseits der Gruppe. Zuerst druckst er herum, dann murmelt er etwas von Kopfweh. Sie bietet ihm an, ihn schnell abzuchecken. Tatsächlich sieht Christa schon beim Blick auf seine Aura schwarze Magie auf ihm. Sie reinigt ihn und bedankt sich beim geschichtsträchtigen Ort, der eine Danksagung und eine Zeremonie verlangt.

Christa beschließt, am Schluss der Besichtigung die Dankeszeremonie zu machen. Vor einem halben Jahr hatte eine belgische Schamanin die Vision vom Erscheinen einer Schamanin, die eine Dankeszeremonie machen würde. Da ist sie nun und macht das große Schamanenritual. Regulo ist von Christas Fortschritten beeindruckt. Sie hat ihn und sein Team vor vielen Jahren gereinigt und mit ihrer Feder einen bleibenden Eindruck bei ihnen hinterlassen. Regulos Kinder waren sogar ihre ersten Kunden. Auch sie waren damals schwarzmagisch besetzt. Nach der Reinigung waren sie wieder frei und gesund und konnten wieder schlafen.

In einer der neueren Grabstätten erträgt Ñusta die Kraft des Orts nicht und wird beinahe ohnmächtig. Der Raum, der ihr so zusetzt, ist ein großer Saal, der dem Spinnengott, dem Aija-Paec, gewidmet ist. Christa empfindet den Platz auf Anhieb als Furcht einflößend.

Auf einer neueren Anlage machen sie zum Abschluss ihres Besuchs die Dankeszeremonie. Der esoterische Albtraum Carola blüht regelrecht auf. Die Spinnenhöhle hat es ihr wohl angetan. Bei der Zeremonie versteigt sie sich in einen lautstarken kosmischen Orgasmus, der nicht enden will. Für die einen ist es höchst peinlich, die anderen können sich das Lachen nicht verkneifen. Regulo ist von ihrem Getue sehr erregt. Zur Krönung bekommt Carola den Übernamen Eso-Jet. Als sie nach ihrem Höhenflug wieder zu sich kommt, berichtet sie, dass sie sich mit dem Spinnengott vereinigt hat. Laut seinen Anweisungen müsse auf seinem Altar eine lebendige Spinne gehalten werden, die täglich gefüttert wird. „Na dann Prost", denkt Christa.

Ñustas Nerven sind gereizt. „Peru ist ein wilder Ritt, also ab aufs Pferd", sagt sie sich. Kaum eine halbe Stunde auf dem Pferd, hat sie erneut einen kleinen Reitunfall. Christa kann es kaum glauben, weil ihre Tochter eine sehr gute Reiterin ist. „Nichts scheint hier zu funktionieren", stöhnt sie und überlegt – nicht zum ersten Mal –, Peru aus ihrem Programm zu streichen.

Bei Sonnenuntergang überraschen sie Karl mit einer Party. Er hat Geburtstag. Sogar eine peruanische Tanz- und Musikgruppe spielt zu seinen Ehren. Das geizige Geburtstagskind reagiert sehr schlicht und lädt die Gruppe nicht einmal zu einem Drink ein und geht auf sein Zimmer.

Innerlich schäumt Christa über vor Wut, sie versucht aber, Einzelne aus der Gruppe zu beschwichtigen, die mit Hohn und Spott über ihn herziehen.

Als Nächstes steht Cusco auf dem Programm. Die Dürrenmatts stoßen wieder zur Gruppe, worauf Sandra und Karl Durchfall bekommen. Ist das eine Reaktion auf die Anwesenheit der Dürrenmatts? Die Geschwister wirken rastlos und unsicher und wollen unbedingt mit dem Schamanenbruder von Arturo Kontakt aufnehmen. Christa tut ihnen den Gefallen und fährt sie am Abend zu Victor.

Die Dürrenmatts erzählen ihm die Story von ihrer Suche nach dem Inka-Schatz. Victor entgegnet trocken, dass zwei neue Bücher zum Thema herausgekommen seien. Eines von einem Peruaner und das andere von einem Polen. Beide behandeln das gleiche Thema: „Die Nachfolger von Tupac Amaru in Europa". Schätzungsweise zweihundert Personen, die mehr oder weniger direkt vom letzten Inka-König abstammen, leben in Europa.

Zudem nimmt er mit Recht an, dass ein großer Teil dieses Schatzes über die Logen wie die Templer oder Freimaurer nach Europa gebracht wurde und dass diese ganz genau wissen, wo er liegt, wenn er noch nicht gehoben worden sein sollte. Diese Neuigkeiten sind ein Schock für die Dürrenmatts – zuerst die vielen Nachfahren der Freimaurer und Templer aufzuspüren und dann auch noch die Logen zu finden, ist eine schwierige Aufgabe. Victor erzählt weiter von Alchemie – dem einzigen Weg, an das Gold heranzukommen. Die Freimaurer des 33. Grades verstehen sicher eine Menge mehr davon als der begeisterte Partygänger Dürrenmatt. Je interessanter Victors Ausführungen werden, umso blasser wird es um die Nase der Dürrenmatts und umso aufmerksamer hört Christa ihm zu. Ein weiteres Buch, so Victor, handelt von einer Verbindung der Nasca-Linien zu dem verschwundenen El Dorado. Es gibt noch so viele ungelöste Rätsel.

Der Sonnentempel Coricancha wurde von den spanischen Eroberern bis auf ein paar Mauern und den Sternentempel beinahe vollständig zerstört. Die Gruppe reist schamanisch in die Zeit zurück, als der Tempel noch intakt war. Ñusta kann den Tempel bis ins Detail sehen. Die Decke war mit Edelsteinen besetzt, die ein traumhaftes Sternenmuster ergaben.

Der Ort übt eine große Kraft auf Sandra aus. Sie kommt in Trance und sagt: „Dies ist das Ende der Zeit". Es folgen weitere Informationen. Zusammen mit Christa hat sie vor vielen Leben an diesem Ort als hoher Inka-Priester auf dem Gebiet der Astronomie gearbeitet. Schluchzend erklärt sie: „Das war eines meiner glücklichsten Leben" und taucht ab in einen Trancezustand.

Ñusta beginnt, die Steine zu streicheln und hat plötzlich die Eingebung, dass sich hier ein Stargate, eine Pforte in andere Dimensionen, befand, das durch Drücken und Halten der verschiedenen Steine geöffnet werden konnte. Doch was kann dies in Zusammenhang mit dem Ende der Zeit bedeuten? Alles schien möglich.

Nachdem Sandra wieder in ihren Körper zurückgekehrt ist, machen sie beim Altar des Sonnengottes eine weitere Meditation. Christa nutzt die starken Energien des uralten Kraftplatzes und beginnt, an Frau Dürrenmatts Rücken zu arbeiten. Die starken Schmerzen, die sie tagelang geplagt haben, verschwinden.

Nach dem Sonnentempel folgt ein traumhafter Ritt durch die Hügel der Anden zu den vier Ruinen. Und wieder schlägt Ñustas Pech mit den Pferden zu. Dieses Mal läuft das Tier gegen eine dicke Eisenstange, was sie beinahe das Knie kostet.

Beim ersten Halt, dem Wassertempel Tambo Machay, reinigen alle ihre mitgebrachten Kraftgegenstände. Christa grübelt darüber nach, was sich ihrer Tochter noch in den Weg stellen könnte. Vor einigen Tagen fiel das Pferd auf sie und nun das. Soll sie aufgehalten und gestoppt werden? Die Lichtwesen um sie herum können die Attacken immer wieder abfangen. Aber das darf nicht zum Dauerzustand werden.

Ñustas Pferd ist wieder ruhig, und sie setzen ihren Ritt fort. Dann erwischt es Wiebke. Ihr Pferd gerät ins Straucheln und stürzt. Alle Mühe ist vergeblich, sie muss in ein Krankenhaus.

Mit dem Sturz und einem Rippenbruch endet Wiebkes Reise leider. Dabei macht sie so gute Fortschritte und hat sich insgesamt enorm zum Positiven verändert. Ihre positive, unbeschwerte Art wird sehr fehlen. Doch für sie ist es wohl gerade richtig und genug. Höhere Mächte haben sie unsanft gestoppt. Es ist schon ihre zweite Peru-Reise, die so jäh endet. Beim ersten Mal hatte sich der Machu Picchu vor ihr verschlossen. Sie muss es akzeptieren. Jedoch verpasst sie nicht mehr viel. Der Gruppe soll nämlich dasselbe Schicksal blühen.

Am Silvesterabend fahren sie mit dem Bus zum Machu Picchu, wo einige Probleme auf sie lauern. Um hereinzukommen, haben sie Marino mitgenommen. Er soll ihnen auf die peruanische Art den Weg freikaufen. Er kennt die Sicherheitsleute gut, weil er seit vielen Jahren dort Ausgrabungen macht.

Während Marino und die Gruppe oben verhandeln, bleibt Christa unten und wartet auf grünes Licht, um einen Bus für die Rückfahrt zu buchen. Dieser Einfall erweist sich als höchst intelligent, denn es kommt ganz anders, als sie denken. Marinos Arbeitskollege erscheint nicht wie vereinbart, und die Sache läuft aus dem Ruder. Das bedeutet, dass sie den normalen Weg gehen und im Office de la Institution von Machu Picchu um die offizielle Erlaubnis bitten müssen, drinzubleiben.

Kurze Zeit später klingelt bei der unten wartenden Christa das Handy. Ein Angestellter des Büros von Machu Picchu ist am anderen Ende und untersagt ihr, mit der Gruppe hineinzugehen. Es stellt sich heraus, dass zwei Wochen vor ihrer Ankunft in Peru ein neues Gesetz herausgekommen ist, das sämtliche Nachteintritte in das Monument strengstens verbietet. Bis zu diesem Zeitpunkt war das Schmieren der Nachtwache jahrelange Praxis, um Einlass zu bekommen. Doch seit ein paar Verrückte den Berg mit Graffiti besprüht, mit Glasflaschen herumgeworfen, eine wilde Party gefeiert und auch noch ihren Abfall dort gelassen haben, ist es aus mit der Toleranz.

Entmutigt und desillusioniert setzt Christa sich auf den Boden und wartet auf ihre Gruppe, die mit dem nächsten Bus zurückkommen sollte. Sie wartet sehr lange.

Währenddessen spielen sich im Büro des Officiales filmreife Szenen ab. Nachdem sie schon so weit gereist sind, versuchen sie alles, um wenigstens für eine kurze Dauer Machu Picchu zu sehen. Als Ñusta die Aussichtslosigkeit der Situation klar wird, bekommt sie einen Weinanfall und fragt schluchzend, wie es möglich sei, dass ihr der Eintritt in ihr eigenes Heim verboten werde. Die Beamten sehen einander ratlos an und geben nach. Ñusta und das Gepäck bleiben draußen, als Garantie dafür, dass der Rest der Gruppe wieder zurückkommt. Einer der Führer geht mit den Dürrenmatts, Marino und dem Eso-Jet hinein und gibt ihnen Zeit bis sechs Uhr. Ñusta, Mono und Sandra warten derweil draußen.

Irgendwann fragt Sandra, ob alle ihre Gebete gemacht haben, worauf Ñusta sich ungeniert hinkniet, den Boden küsst, Tabak dazugibt und die Spirits anruft – und wirklich, nach einigen Minuten sind sämtliche Machu-Picchu-Führer verschwunden, und der Weg ist frei. Sandra und Mono packen die Gelegenheit beim Schopf und rennen los.

Ñusta muss weiter beim Gepäck bleiben. Aus dem Nichts taucht ein Angestellter auf und teilt Ñusta mit, dass sie die Erlaubnis bekommen, am nächsten Morgen mit nicht mehr als fünf Personen eine Zeremonie zu machen. Doch sie sind zu acht. „Ach, und übrigens, der letzte Bus nach Cusco fährt in zehn Minuten los." Der letzte Satz scheint dem Angestellten die größte Freude zu bereiten. Genüsslich sieht er zu, wie sie in Panik gerät. Sie muss alle zusammentrommeln, um den Bus zu erwischen. Das ist in zehn Minuten kaum zu bewerkstelligen, und zu Fuß bräuchten sie Stunden, um nach Cusco zu kommen. Zum Glück kommt

Mono, um etwas aus dem Rucksack zu holen. Schnell rennt er zur Gruppe zurück, mit dem Auftrag, sofort die Gruppe zum Bus zu bringen. Machu Picchu ist riesig, man kann ewig die steilen Treppen rauf- und runterlaufen, um jemanden zu finden.

Ñusta sieht dabei zu, wie einige der letzten Besucher zum Ausgang schlendern, und fragt vorsichtshalber jemanden, wann der letzte Bus kommt. Ein junger Amerikaner sagt, ein späterer Bus sei bestellt worden, er käme in einer halben Stunde.

Jetzt will sie nur noch eines: rein – es ist ihr Moment. Ñusta packt ihre welkenden Blumen und rennt mit Mono los – rauf zum astronomischen Stein, auf dem die Sonne „angebunden" wurde, indem Himmelsbeobachtungen gemacht und Planetenbahnen ermittelt wurden. Ihre gute Kondition lässt sie im Stich. Auf dem Weg zum Stein wird sie von starken schwarzen Energien gewürgt. Je näher sie ans Ziel kommt, umso mehr Luft schnüren sie ihr ab.

Halb bewusstlos schleppt sie sich auf allen Vieren mit Monos Hilfe zum Stein, wo sie die Blumen übergibt und mit einer Zeremonie für sich und die Gruppe um Einlass bittet. Der Stein öffnet sich und zeigt ihr ein sternförmiges Energiefeld, das die vier Richtungen des großen Inkareiches verbindet. Sie steht wirklich in ihrem Zentrum – dem Zentrum vom heiligen Berg und vom alten Inkaland. Völlig übermannt von ihren Gefühlen weint sie und bedankt sich für das fantastische Geschenk. Sie verspricht ihrer Heimat, dass von jetzt an in ihrem Land wieder mit der weißen Energie gearbeitet wird.

Christa, die seit Stunden mit Karl auf die Gruppe wartet, ist derweil in eine ganz andere Welt abgetaucht. Als die Gruppe ihr aufgeregt von der Zeremonie-Erlaubnis am Morgen berichtet, lacht sie hämisch. Sie ist fest entschlossen, diese Neujahrszeremonie zu machen.

„Dafür brauche ich keine Erlaubnis", sagt sie mit einem bitteren Ton. „Das ist unser Recht, hier Rituale zu machen. Das verlangt dieser heilige Ort von uns." Bei Sonnenaufgang das „neue" Jahr einzuweihen, ist ein wahrer Neuanfang.

Aber der Eso-Jet ist noch nicht zufrieden. Sie ist weit gereist, um eine Zeremonie auf Machu Picchu zu machen, und das ist ihr nun leider nicht vergönnt. Also muss Christa sie mit einem Ritual zufriedenstellen.

Zum Glück kennt sie einen wunderbaren Platz in der Nähe des Fünfsternehotels El Pueblo, auf den sie die Millennium-Zeremonie wegen solcher Probleme verlegen musste. Damals kam der Präsident mit seinem Helikopter angeflogen, um Neujahr auf dem Machu Picchu zu feiern, Besucher waren unerwünscht. Ein anderer Ritualplatz musste gefunden werden. Und da fanden sie diesen Ort. Es wurde eine wunderschöne Zeremonie – mit vier verschiedenen schamanischen Kulturen: den Qeros mit ihrem Ur-Inka-Wissen, einem San-Pedro-Schamanen, einem Ayahuasquero – und Christa mit ihrem indianischen Schamanismus.

Glühwürmchen zeigen ihnen im Dunkeln den Weg durch die satt schwarze Nacht und führen sie an einen schönen Platz unter einem Palmen-Unterstand direkt am wilden Urubamba-Fluss. Der Platz ist ideal, doch die Energien um sie herum sind außerordentlich bedrohlich. Irgendetwas ist ihnen gefolgt.

Christa beschließt, so schnell wie möglich einen Lichtkreis aufzubauen. Das hat sich schon immer bewährt, wie damals im Frauenknast, als sie vor den Dykes zitterten, die besonders ihre Ringe im Visier hatten. Der Schutzkreis tut seine Wirkung, und sie haben eine erholsame Zeremonie mit einem kleinen, feinen Feuer, bei der sie sich gebührend vom alten Jahr verabschieden können.

Der Rückweg führt durch ein Dorf, in dem etwas Seltsames vorgeht. Alle werfen ihr altes Hab und Gut weg und verbrennen es. Das ganze Dorf scheint dem neuen Jahr entgegenzulodern – ein sehr ungewöhnliches Neujahrsritual.

In der Disco neben ihrem Hotel treffen sie auf die Dürrenmatts. Mit Champagner stoßen sie aufs neue Jahr an und fallen anschließend todmüde ins Bett. In vier Stunden müssen sie wieder aufstehen.

Run auf Machu Picchu

Zusammen mit Marino, der Machu Picchu wie seine Westentasche kennt, rennen sie um sechs Uhr in der Früh zu fünft eine Stunde lang quer durchs Gelände, um den Raum der Sonodoras zu finden. Hier wollen sie den Spirits die Ankunft von Ñusta ankündigen.

Als sie den Raum finden, rufen sie die Spirits herein. Ihre Körper beginnen, vom Gesang zu vibrieren. Sie spüren förmlich, wie sich alles mit Spirits füllt und der Raum immer enger zu werden scheint. So viele sind gekommen. Die letzte Zeremonie mit der Ñusta, der Tochter des Königs, liegt sehr weit zurück.

Begleitet von einer großen Legion von Spirits begeben sie sich zum Tempel der drei Fenster. Im Hof liegen einige Steine herum, die ein Hinweis darauf sind, dass die Bauarbeiten mittendrin und aus einem unerfindlichen Grund abgebrochen wurden.

Zuerst suchen sie den richtigen Stein, mit dem sie arbeiten werden. Es liegen einige große Brocken herum. Das ist wieder eine Aufgabe für Ñusta, die gern mit „Steinchen" spielt. Sie checkt die verschiedenen Plätze, Steine und Altare mittels Berührung ab. Marino erzählt derweil, dass er hier unten in drei Metern Tiefe das Grab einer heiligen Frau gefunden hat. Vermutlich war sie die höchste Priesterin. Weitere Fundstücke wiesen auf ein Kloster oder einen Ritualplatz der Frauen hin.

Schnell ist der richtige Stein gefunden, und Ñusta beginnt, an ihm zu arbeiten. Doch mit einer Stele scheint etwas nicht zu stimmen, sie schreit regelrecht. Es sind Frauenseelen, die erlöst werden wollen. Mit ihrem Zeremonialbeil schlägt Christa sie frei. Auch diese Befreiung ist in den Channelings vorausgesagt worden. Anschließend reinigt sie ein weiteres Mal Sandras Nacken, wo sich ein Tentakel von dem UFO-Ding, das sie in Nasca herausgenommen hatte, wieder manifestiert hat. Zum Schluss reinigt sie alle Anwesenden von den Anhaftungen des vergangenen Jahres – der Platz ist sehr heilig und wie geschaffen für dieses Cleaning.

Als Nächstes gehen sie zur Intihuatana-Sonnenuhr, dem höchsten Punkt von Machu Picchu. Sie berühren den astronomischen Stein, schließen die Augen und versuchen, seine Energie zu spüren. Nach einem Rundgang führt Christa die Gruppe zu der kleinen Wiese, wo sie bei der letzten Peru-Reise mit der UFO-Gruppe einen Kristall vergraben hat, der mit den himmlischen Gitternetzlinien die Mutter Erde schützen, verbinden und sie stärken sollte. Hier machen sie eine kräftige Lichtmeditation und reaktivieren den Kristall, damit sich Mutter Erde ein wenig beruhigen kann von den strapaziösen Erdbeben der letzten Zeit. Sie hatte sich geschüttelt, wegen des Abfalls, der auf ihr lastete.

Die Meditation wird wieder einmal gestört. Schwarze Mächte schicken einen der schlecht gelaunten Wächter vorbei, der ihnen das Trommeln und Meditieren untersagt. Christa ist perplex: Sechs Jahre lang konnte sie beim Machu Picchu ungestört Zeremonien machen. Es scheint wirklich, als ob sich alle dunklen Kräfte gegen sie verschworen hätten und sie vom Lichtbringen abhalten wollen.

Der Wachmann bleibt stehen und wartet auf den Abzug der Gruppe. Christas Stimmung ist im Keller, die Meditation ist praktisch nichts mehr wert. Sie wehrt sich: „Nie hat man uns so behandelt! Das hier ist der höchste Ort der Welt. Es ist ein Ort zum Beten und Meditieren. Wie könnt ihr so dumm sein und das nicht wissen? Wollt ihr es nicht wissen? Wollt ihr hier nur Touristen, die ahnungslos herumirren? Dieser Ort will wiederbelebt werden, er will geehrt werden! Ihr seid Ignoranten. Bezahlt fürs Dummsein!" Der Parkwächter schüttelt den Kopf und geht weiter.

Ñusta und Mono trennen sich von der Gruppe und laufen rauf zum Wayna Picchu, um dort das Mesa-Orakel tief in Mutter Erde zu vergraben. Sie soll Früchte tragen und Glück bringen im neuen Jahr 2005.

„Was für ein verrückter Trip. Aber es wird alles gut, das verspreche ich dir. Komm, lass uns irgendwo ein wenig Sonne tanken.

Ich möchte mich auf den Boden legen", sagt sie zu Sandra. Sie schlendern auf die Wiese der Lamas. Auch hier lauert ein Angestellter, der sie wegschickt. Machu Picchu ist ein einziger Rausschmiss.

„Hierher komme ich nie wieder! So viel Negativität habe ich nirgendwo erlebt. Machu Picchu gehört allen!", zischt sie. Sie setzen sich auf eine Mauer, und Christa atmet tief in den Bauch, um wieder zur Ruhe zu kommen. Die Gruppe verzichtet auf die Reinigung in den Inka-Bädern. Sie haben genug von Machu Picchu und wollen nur noch fliehen von diesem unwirtlichen Ort.

Im heiligen Tal der Inkas treffen sie Wiebke, die ihre gebrochene Rippe kuriert. Die Stimmung ist im Keller. Sandra lädt alle zu einem Neujahrsdinner ein. Schon bald werden sich ihre Wege trennen.

Christa geht auf ihr Zimmer, um sich umzuziehen. Der Raum ist ein heilloses Chaos. Dreckige Wäsche, Kräuter und eine leere Champagnerflasche liegen herum. „So sieht ein richtig dickes Ende einer Reise aus", denkt sie und freut sich beinahe auf den Rückflug und ein ganz kleines bisschen sogar auf die Schweiz.

Doch vorher gibt es noch ein Ayahuasca-Ritual mit dem harten Kern der Gruppe. Wiebke hat ihren Flug umgebucht und fliegt direkt in die Schweiz zurück. Karl erträgt die Hitze von Peru nicht. Er verzichtet auf das Ritual im Dschungel. Die Dürrenmatts wollen in Puno am Titicacasee weiter nach Spuren und Gold suchen und haben neue Freunde gefunden, die ihrer Meinung nach die frei gewordenen Plätze in der Gruppe besetzen könnten.

Es handelt sich um ein sehr unangenehmes, dunkel gekleidetes älteres Paar. Sie geben sich alle Mühe, freundlich zu sein, aber in ihren Augen sieht Christa nur Dollarscheine. Schatzsucher sind sie. Die Gruppe berät sich und lehnt das Paar ab. Egoistisch und nicht spirituell, lautet ihr Urteil.

Zu fünft fliegen sie nach Puerto Maldonado zum Ayahuasca-Ritual. Die Unterkunft ist einfach und sauber, doch auch hier finden einige etwas auszusetzen. Es ist zu heiß, zu feucht, zu …

Christas Kräfte, alles auszubalancieren, gehen zur Neige. Das Ritual wird zum Albtraum. Alle außer dem Eso-Jet und Christa verzichteten auf das San-Pedro-Ritual. Anstatt in goldenen Höhen zu tanzen, verfängt Christa sich nach dem Genuss des üblen Gebräus in immer mehr unbekannten Dimensionen der Dunkelmächte. Sie sehen aus wie H. R. Gigers Alien-Ebenen.

Es sieht ganz danach aus, dass die schwarze Seite in den letzten Jahren enorm gearbeitet und nun sogar die höheren Räume und Dimensionen besetzt und strukturiert hat. Christa zittert vor Angst, weil sie keinen Ausweg findet. Sie bittet um Vergebung, denn irgendetwas muss sie damit zu tun haben. „Habe ich ihnen unbewusst geholfen? Wie konnte das passieren?", denkt sie. Was sie sieht, ist nichts als Grau und hat die typischen mechanisch-metallischen UFO-Strukturen.

Es ist kaum zu glauben, dass sie nun imstande sind, sogar die Lichtarbeiter einzufangen und in ihre schwarz-grauen Strukturen zu pressen. Die Lichtarbeiter sind der Müll, der gepresst und zu Stützmaterial ihrer dunklen Welt weiterverarbeitet wird. Purer Materialismus. Die dritte Weltherrschaft lässt grüßen. Sie will nur eins: kämpfen, um diesen Gefilden zu entkommen, und diese Pforte zur Hölle für immer verschließen. „Armageddon, Armageddon", schießt es wiederholt durch ihren aufgelösten Kopf. Es ist ein großer Kampf, ein globales und persönliches Armageddon.

Der Zeremonienmeister Don Felipe erkennt die unangenehme Situation und hat alle Hände voll zu tun, um Christa aus dem entsetzlichen Trip zu befreien, was aber nichts an ihren unheimlichen Visionen ändert. Von der Existenz dieser grauen und durchstrukturierten Welt ist sie fest überzeugt.

Schneller als üblich kehren sie von ihrer Reise zurück in die sogenannte Wirklichkeit. Das Ayahuasca wirkt nicht sehr lange. Während des Ayahuasca-Rituals hat Sandra in der Nachbarshütte ein Channeling durchgegeben, das Ñusta betrifft, die wieder attackiert worden ist. Die Dunklen haben sich durch die grauen Gefilde von Christas Horrorvision Zugang zu Ñusta verschafft.

Drei metallische Stränge treten aus ihrem Hinterkopf heraus und haben sie in ein perfektes Giger-Alien-Girl verwandelt. „Was ist denn bloß los? So wichtig sind wir doch gar nicht, wieso greifen sie uns ständig an?", ruft Christa. Ñusta hat eine ganz andere Erklärung für den Ursprung des Angriffs. Sie glaubt, dass es in El Brujo passiert ist, als sie in der Gruft des Spinnengotts Ajja Paec beinahe ohnmächtig geworden wäre. Also gehört der Spinnengott auch zur schwarzen Seite.

Sandras Message ist, dass Christa es herausnehmen kann, allerdings darf sie dabei nicht ihr Zeremonialbeil benutzen, wegen des Metalls, das elektrischen Strom leitet. Der Einzige, der die Metallstränge herausnehmen kann, ist Erzengel Michael, und Christa hat durch ihre I-am-that-I-am-Erfahrung den besten „Draht" zu Michael. Ñusta muss sich aber bis zum nächsten Tag gedulden. Die Sonne geht bereits unter, und Christa ist zu schwach vom Ayahuasca.

Am folgenden Tag rufen sie auf dem Ritualplatz den großen Engel. Seine Ankunft ist sehr mächtig. Die Energie wirft Christa um, und sie bricht in Tränen aus. Michael ist einer der kämpferischsten Erzengel. Auf Bildern wird er häufig mit einem blauen Umhang dargestellt und ist mit einem Schwert bewaffnet. Als Christa sich wieder gesammelt hat, machen sie sich an die Arbeit. Zusammen schneiden sie die Stränge ab. Christa macht sich an die Feinarbeit und schraubt jedes einzelne Ventil heraus, was viel Zeit in Anspruch nimmt. Am Ende ist Ñusta völlig erschöpft und niedergeschlagen. Sie sieht den Angriff als Ursache für ihr Pech in Machu Picchu und macht sich verantwortlich für das Pech der ganzen Gruppe. Sandra versucht, sie aufzuheitern: „Na, Ñusta, du Höhlenschläferin! Wen wirst du wohl bei der nächsten Ohnmacht einladen? Captain Kirk wäre doch mal nett."

Wieder zurück in Lima treffen sie am Flughafen Arturo zu einem Abschieds-Pisco-Sour. Sandra und Eso-Jet fliegen zurück nach Europa. Ursprünglich waren zum Schluss ein paar Ferientage an der Sonne geplant – doch die Reise war so anstrengend und voller Hindernisse, dass sie nur noch gehen wollen. Machu Picchu hat sich ihnen verschlossen.

Erst viel später wird der wahre Grund herauskommen, nämlich, dass eine ganze Gruppe von dreißig Amerikanern das neue Jahr in Machu Picchu feiern konnte. Für die Silvesternacht hatten sie dem Machu-Picchu-Hotel 450 Dollar pro Person gezahlt!!

Christa, Ñusta und Mono fahren nach Ollataytambo, wo sie letzte Arbeiten zu verrichten haben. Danach will Christa ihren Kristallschädel aus dem Geröllhaufen befreien. Obwohl sie wegen der negativen Energien am Ende ihrer Kräfte angelangt ist, beschließt sie, dem Rat der Spirits zu folgen und zu fasten, für Mutter Erde zu trommeln und dann ihren Spaziergang ins Geröllfeld zu machen. Ohne den geringsten Erfolg.

Sie findet den Kristallschädel zwar nicht, aber Pancho, ihr neuer Schamane, soll der „Glückliche" sein. Er ist jedoch zu absolutem Stillschweigen darüber verpflichtet. Dass er dennoch seiner Frau davon erzählt, kostet ihn seine Zunge.

Pancho schenkte Christa einen kleinen Kristallschädel aus Bergkristall, der jahrtausendelang neben seinem großen Kristallschädel gelegen hatte.

Wie es aussieht, sind in der Gruppe tatsächlich zu viele verschiedene Energien aufeinandergeprallt. Seit dem Weggang der Dürrenmatts ist die Inka-Gold-Energie nicht mehr spürbar. Die Rückkehr der Ñusta, die ihre Mission erfüllen würde, kann der schwarzen Seite natürlich auch nicht gefallen, weil die neue Energie die Ordnung wiederhergestellt und sich auf ganz Südamerika ausgewirkt hätte. Christas Wissen über das Stargate, das in der Altiplano-Hochebene zwischen Bolivien und Peru liegt, ist auch niemandem recht.

So schlimm die Peru-Reise auch gewesen sein mag, sie hat mindestens sechs Menschen das Leben gerettet, weil sie die Weihnachtszeit sonst in Thailand und Sri Lanka verbracht hätten. Am 26. Dezember 2004 bebte der Indische Ozean und riss mit dem Tsunami mehr als 180.000 Menschen in den Tod.

Der Kreis schließt sich

Im Jahr 2013/14 fährt Christa erneut mit einer Gruppe nach Peru. Dieses Mal ist ihr Mann Beat dabei.

Eines Abends, nach der Rückkehr der Gruppe von Machu Picchu, liegt sie im Bett und kann nicht einschlafen. Etwas stört sie.

Plötzlich hört sie einen lauten Furz unter ihrer Bettdecke. Ihr Mann liegt im Bett nebenan. Er kann es nicht gewesen sein.

Christa macht das Licht an und durchsucht ihr Bett und das ganze Zimmer, während Beat ins Bad geht. In einer Trance sieht er einen Außerirdischen, der durchs Zimmer läuft. Der Sternenbruder bemerkt, dass er wahrgenommen wird, und erzählt Beat, was ihm widerfahren ist. Vor sechs Tagen sei sein Raumschiff in der Nähe von Machu Picchu abgestürzt und er sei der einzige Überlebende, der nun hier festsitze. Er brauche Hilfe, um zu seiner Sternennation zurückzukehren.

„Ah ja? Frag ihn, warum er hier ist und unter meiner Bettdecke furzt? Ein paar Fakten mehr könnten hilfreich sein. Was will er hier? Können wir helfen?", richtet Christa ihrem Mann aus, der ihn als Einziger sehen kann.

Der Außerirdische gibt sein Bestes, um sie zu überzeugen, und erzählt Beat eine Geschichte, die Christa vor fünfzehn Jahren hier in Machu Picchu widerfahren ist.

Am Silvestertag 1999/2000 wurde sie zusammen mit anderen Schamanen aus Machu Picchu hinausgeworfen mit der Begründung, dass der peruanische Präsident dort den Jahreswechsel feiern würde. Also mussten sie flexibel sein und sofort einen anderen Zeremonienplatz finden.

Glücklicherweise kannte Christa zu der Zeit die Manager des Inkaterra-Pueblo-Hotels, auf dessen Areal am wilden, großen Urubamba-Fluss ein Ritualplatz existiert. Für das Hotelpersonal war es eine Ehre, eine solch spirituelle Gruppe zum Jahreswechsel zu Gast zu haben.

Zehn Schamanen aus den verschiedensten Kulturen und Ländern der Welt hatten sich am Zeremonialplatz versammelt und den Jahreswechsel in ein multidimensionales Erlebnis verwandelt. Es hätte schöner nicht sein können.

Unter den Schamanen war auch ein Großvater, der aus Iquitos kam, einer Stadt mitten im Dschungel. Er rauchte immer eine lange, selbst geschnitzte Tropenpfeife.

„Okay Beat, ich glaube, das reicht! Ich glaube ihm", sagt Christa. Sie kann sich ganz genau an den Pfeifen-Schamanen erinnern. Der Alien hat ihr Vertrauen gewonnen. Doch dann kommt es dick. Der Außerirdische sieht Christa an und übermittelt ihrem Mann: „Der Pfeifenmann ist es, der mich zu dir schickt."

Christa stöhnt und fällt beinahe aus dem Bett. „Das ist doch einfach nicht möglich? Bin ich denn auf einem Trip?" Alle sind geschockt und sprachlos, eine enorme Überraschung unterbricht Zeit und Raum. „Jetzt müssen wir alle mal etwas ruhiger werden. Also bitte, ein bisschen suave!, langsam", sagt Christa. „Was können wir für dich tun, worum geht es?"

Der Sternenbruder antwortet, dass nur sie, die „Starseed-Schamanin", ihm helfen könne. „Nur DU bist dazu fähig."

Wieder Stille. Tausend Gedanken explodieren. „Excuse me, bin ich im falschen Film? So etwas passiert doch sonst nur Dornröschen und Rotkäppchen", denkt Christa und überschlägt die vielen verrückten Geschichten, die sie bereits hinter sich hat.

Doch plötzlich sagt Beat: „Ich bekomme gerade von ihm ein Geschenk, das wir schon lange gut gebrauchen können: 21-24. Damit kann ich Auras reinigen und wieder versiegeln. 21-mal links herum, um Fremdenergien rauszuziehen, und dann 24-mal rechts herum, um die Aura wieder zu verschließen.

Ein großartiges Geschenk, das sie mit Dankbarkeit erfüllt und womit sich der Außerirdische auch schon verabschiedet.

Als Beat aus dem Trancezustand zurückkehrt, verbietet er der frisch gebackenen Starseed-Schamanin strikt, irgendjemandem von diesem Channeling zu erzählen. Es ist einfach zu verrückt.

Am Morgen kommt sie völlig kaputt und äußerst erschöpft aus dem Zimmer. „Was ist nur los?"

Beim Frühstück trifft sie Rolf, der ihr sofort ansieht, dass etwas nicht in Ordnung ist. Sie bestätigt seinen Eindruck, möchte aber nicht reden. Völlig unvermittelt zieht Rolf ein Ritualobjekt aus der Tasche und sagt: „Könnte dies vielleicht der Grund für deine Unruhe sein?"

Die uralte Steinskulptur stellt einen Außerirdischen aus der Sternennation der Lyrer aus dem Sternbild Lyra, auf Deutsch „Leier", dar. Die Lyrer haben später die Plejaden besiedelt. Und Christa kommt von den Plejaden!

Foto: Rolf Cantaluppi

„Oh, danke, ja, das könnte sein. Doch zeig die Skulptur bitte Beat – wir haben einen ET im Zimmer, der unsere Hilfe braucht. Mal sehen, was wir tun können, aber mehr darf ich dir nicht erzählen, ich Plaudertasche." Als Rolf die Figur unter Beats Nase hält, flippt der fast aus. „Genau DAS, genau das war er. Er war die ganze Nacht bei uns und hat Riesenstorys erzählt über die Starseed Shaman Woman!"

Es kommt noch verrückter, denn Rolf überrascht sie mit der Nachricht, dass er und die Gruppe ungefähr 3500 ET-Seelen aufgesammelt haben, die beim Absturz eines Mutterschiffs ums Leben gekommen waren. Nur jemand mit Sternenenergie kann sie aus dieser Dimension befreien. Die Starseed-Schamanin, also Christa, die verwirrt um einen Hauch von Überblick ringt, ist jetzt gefragt.

Sie trommelt die Gruppe zusammen und erklärt ihnen kurz die Lage. Zusammen stellen sie eine große Lichtsäule auf und ermuntern die ETs mit ihrer Liebe, jetzt ins Licht zu gehen, was sie auch tun – mit dem Segen der Sterne. Und nach den ETs kommen unzählige weitere Seelen, die einfach nur dem Licht gefolgt waren, und gehen den Weg in die Spirit-Welt. Mit diesem Ritual reinigen sie das ganze „Heilige Tal der Inkas", das immer noch versaut war von all den abscheulichen Gräueltaten der spanischen Eroberer.

Alle waren happy und „Up! Up" transformiert.

So kam es, dass aus der Thunderbird Medicine Woman eine Starseed Shaman Woman wurde. Der Kreis hatte sich geschlossen.

Christa Trachsler mit ihrem Mann Beat.

Ausblick

Die Vision der Alien-Bildschirme war ein prägender Einschnitt in Christas Leben. Was sie damals voraussagten, ist eingetroffen. Die Klosteraufenthalte haben sie geläutert. Immer wieder geht Christa heute noch ins Kloster, um sich von der Zivilisation zu reinigen und zu sich zu kommen. Sie ist eine Genießerin und streichelt gern ihr Ego mit schönen Kleidern und anderen Annehmlichkeiten. Auch das sagten die Aliens ihr voraus: dass sie wieder in vollen Zügen das genießen wird. Doch was danach kommt, wird in kürzester Zeit eintreffen, wenn es nicht bereits so weit ist!

Der Dritte Weltkrieg wird mit dem Abwurf einer Atombombe auf die USA seinen Höhepunkt erreichen. Die Bombe wird von den Außerirdischen abgefangen werden. Es wäre nicht das erste Mal, dass die Aliens der Menschheit aus der Patsche helfen.

Leider wird ihre Existenz bis heute von den Regierungen verschwiegen, und das Beweismaterial scheint niemanden zu überzeugen. Allerdings sind die Aliens bereits in den Startlöchern und werden sich gewiss zeigen, sobald die Menschheit bereit ist, sie friedlich zu empfangen.

Der Dritte Weltkrieg wird ein jähes Ende finden, weil Mutter Erde sich wehrt, pulsiert und sich zu Vulkanen und Tsunamis aufbäumt. Die überdimensionale Flutwelle und die Verschiebung der Erdplatten wird die Erdmasse anheben, Berge, ganze Ufer und Städte werden zusammenkrachen oder im Meer versinken, Flüsse werden ihren Lauf ändern. Dies ist zu verstehen als Protest gegen alle Kriege der Menschheit. Der Planet Erde fordert endgültig Frieden.

Was danach kommt, könnte noch schlimmer werden. Nahrung und Wasser werden knapp, Plünderungen stehen an der Tagesordnung. Es wird entsetzlich sein, in einer Stadt zu leben. Eine Kostprobe davon hatte Christa in einem Traum in Miami bekommen. Nachts stürmten Plünderer die Häuser mit Maschinengewehren. Sie mordeten, zerstörten und raubten alles. Sogar die Haustiere kochten und aßen sie.

Darum ist es besser, auf dem Land zu leben. Eine eigene Wasserquelle wird in der kommenden Zeit von großem Nutzen sein. Nestlé, einer der größten Konzerne, kauft seit den Neunzigerjahren weltweit

Quellen auf. Weshalb? Viel zu wenige Menschen haben sich bis jetzt darüber Gedanken gemacht.

Viele spirituelle Menschen und Seher arbeiten für die Weltkonzerne, die die Ressourcen in der Hand halten und sie künstlich verknappen. Es gibt Saatgut, das nur einmal verwendet werden kann.

In Indien begingen Bauern Selbstmord, als sie feststellten, dass die Pflanzen keine Samen für die nächste Ernte abwarfen.

Große Konzerne füttern uns mit gehaltloser, genmanipulierter Nahrung ab, was zu Verfettung und den sogenannten Zivilisationskrankheiten und vor allem der Trennung von der Natur führt. Sie hätten gern, dass alle vor dem Fernseher sitzen bleiben und alles glauben, was man ihnen vorsetzt, dass niemand mehr miteinander spricht, dass Misstrauen herrscht. Sie würden uns gern in Angst und Schrecken halten, damit wir permanent beschäftigt sind.

Es wird einem die Zeit genommen, um Fragen zu stellen, mal durchzuatmen und in sich zu horchen, die innere Stimme zu finden.

Dies sind Höllenblüten der Globalisierung, die durchaus auch ihre guten Seiten hat, die wir viel effizienter nutzen könnten, wären da nicht Gier, Neid, Angst und Missgunst. Dem ist nur mit bedingungsloser Liebe beizukommen.

Zwei Drittel der Weltbevölkerung werden auf die eine oder andere Weise umkommen. Der Rest wird überleben.

An dieser Stelle hat Christas Vision eine Lücke. Sie kann sich nicht daran erinnern, wie der Rest der Menschheit überleben wird. Werden sie auf der Erdoberfläche bleiben, auf andere Planeten evakuiert werden oder sich in Höhlensysteme zurückziehen, wie die Hopis vorausgesagt hatten?

Zum Schluss bleibt ein Bild. Ñusta, Christa, ihr Mann „Strong Rock Man" und einige Indianer tanzen in der Sonne. Sie machen eine Dankeszeremonie für Vater Sonne, der sich ihnen wieder gezeigt hat. Ihr Lebensstil ist archaisch, sie tragen Lumpen und Felle. Es ist der Anfang des Goldenen Zeitalters.

Epilog

Die dritte Alien-Prophezeiung erfüllte sich schließlich in Miami. Christas damaliger Freund war ein totaler Computerfreak, überzog alle ihre Kreditkarten weit über das Limit und kaufte damit ohne ihr Wissen Computergadgets. Womit sich auch bestätigte, dass einem etwas genommen werden kann, was man nicht besitzt. Ein „Hoch" auf die Kreditkarten!

Danksagungen

Mein Dank gilt meinem Vater für seine spirituelle und offene Erziehung. Er war mir ein großer Lehrer. Meiner Mutter, die uns alle immer auf dem Boden gehalten hat. Meinem Mann für seine Hingabe und seinen Humor. Meiner Tochter, die an meiner Seite durch meine Lebenslektionen ging und mir selbst die größten Lehren erteilt hat. Ich liebe dich immer.

Mina, die die ganzen Jahre mit viel Herzblut und Ausdauer diese Geschichten zusammengeknüpft und mit mir mehrmals die Dimensionen gewechselt hat. Diese türkische Teppichfrau ... Megweech, megweech!

Des Weiteren bedanke ich mich ganz herzlich bei meiner Schwester Eva und allen meinen Freunden, die mich immer wieder unterstützt und gehalten haben – in jeder Situation!

Aber mein größter Dank geht an Mutter Erde und meine vielen spirituellen Helfer. Große Götter, Große Masters, Große Chiefs, alle meine wichtigen und verständnisvollen Lehrer auf dem Weg. Meine Sternengeschwister, meine Thunderbirds und meine schamanischen Helfer. Meine Santos. Die Weiße Bruderschaft. Die Engelschar um uns herum.

Und: TO THE BIG SPIRIT

EIN HERZ FÜR AUTOREN A HEART FOR AUTHORS À L'ÉCOUTE DES AUTEURS MIA ΚΑΡΔΙΑ ΓΙΑ ΣΥΓΓΡ
HJÄRTA FÖR FÖRFATTARE UN CORAZÓN POR LOS AUTORES YAZARLARIMIZA GÖNÜL VERELIM SZÍ
CUORE PER AUTORI ET HJERTE FOR FORFATTERE EEN HART VOOR SCHRIJVERS TEMOS OS AUTO
ΗΕRΖÖINKÉRT SERCE DLA AUTORÓW EIN HERZ FÜR AUTOREN A HEART FOR AUTHORS À L'ÉCOU
CORAÇÃO BCEЙ ДУШОЙ К АВТОРАМ ETT HJÄRTA FÖR FÖRFATTARE Á LA ESCUCHA DE LOS AUTOR
YAZARLARIMIZA ΓΙΑ ΣΥΓΓΡΑΦΕΙΣ UN CUORE PER AUTORI ET HJERTE FOR FORFATTERE EEN Η
ΗΕRΖÖINKÉRT SERCE DLA AUTORÓW EIN HERZ FÜR
VON SCHRIJVERS ΒCEЙ ДУШОЙ К АВТОРАМ ETT HJÄRTA FÖ

Die Autorin

Christa Trachsler wurde in Winterthur in der
Schweiz geboren. Seit ihrer Kindheit schreibt sie
gerne: Schon damals veröffentlichte sie Artikel in
Zeitungen, später folgten Berichte über ihre vielen
Reisen. Neben spirituellen Themen interessiert sie
sich sehr für die Natur und liest gerne.
Als Model und Designerin mischte sie in den 70er-
und 80er-Jahren im internationalen Jetset mit. In
Gstaad, Beverly Hills und Ibiza verkaufte sie ihre
exklusive Designermode und verkehrte in illustren
Kreisen der High Society. Nach der Begegnung
mit dem peruanischen Schamanen Don Eduardo
Calderon reiste sie in den Amazonas und ließ sich
dort zur Schamanin weihen.
Doch erst nachdem sie zum dritten Mal von Außerirdischen entführt wurde, kehrte sie der Modewelt
endgültig den Rücken zu und verbrachte viele
Jahre bei Indianern in Kanada. Heute arbeitet sie
als Schamanin am Zürichsee in der Schweiz.
Mehr über Christa Trachsler unter
www.goldentrails.ch.

Der Verlag

Wer aufhört besser zu werden, hat aufgehört gut zu sein!

Basierend auf diesem Motto ist es dem novum Verlag ein Anliegen neue Manuskripte aufzuspüren, zu veröffentlichen und deren Autoren langfristig zu fördern. Mittlerweile gilt der 1997 gegründete und mehrfach prämierte Verlag als Spezialist für Neuautoren in Deutschland, Österreich und der Schweiz.

Für jedes neue Manuskript wird innerhalb weniger Wochen eine kostenfreie, unverbindliche Lektorats-Prüfung erstellt.

Weitere Informationen zum Verlag und seinen Büchern finden Sie im Internet unter:

www.novumverlag.com